바이에른 집회법

Alfred Scheidler 저
서 정 범 역

세창출판사

Bayerisches Versammlungsgesetz

2010

Sechang Verlag

Seoul, Korea

역자 서문

적법한 집회 및 시위를 최대한 보장하고 위법한 시위로부터 국민을 보호함으로써 집회 및 시위의 권리 보장과 공공의 안녕질서가 적절히 조화를 이루도록 하는 것을 목적으로 제정된 현행 「집회 및 시위에 관한 법률」은 1963년에 제정된 이래 수차례에 걸쳐 개정이 있었음에도 불구하고 집회(법)에 관한 그 동안의 학설과 판례의 발전을 충분히 반영하지 못하고 있다. 즉, 1963년 이후에 행해졌던 「집회 및 시위에 관한 법률」의 개정은 단편적 사항의 추가 내지 변경에 그쳤을 뿐 새로운 이론에 입각한 근본적 개정에는 이르지 못하였던 것이 사실이며, 이로 인하여 현실과 법규범의 괴리현상이 심각한 수준에 이르고 있는 실정이다.

그리고 그 결과 집회를 행하는 국민의 입장에서는 동법이 헌법이 보장하고 있는 집회의 자유를 과도하게 제한하고 있다는 불만을 갖게 되었으며, 집회를 관리하는 경찰의 입장에서는 동법만으로는 효율적인 집회관리가 곤란하다는 불만을 갖게 되었다. 그리고 이러한 사정을 고려하면 「집회 및 시위에 관한 법률」의 전면적인 개정필요성(「집회 및 시위에 관한 법률」의 개정방향 전반에 관하여는 서정범, 「집회 및 시위에 관한 법률」의 개정방향에 관한 연구, 치안정책연구소, 2009 참조)에 대한 요구가 등장하게 된 것은 너무나 당연한 것이라고 생각된다.

그렇다면 문제는 새로운 「집회 및 시위에 관한 법률」에 과연 어떠한 내용이 담겨져야 하는지에 관한 것인데, 이에 관한 논의에는 집회에 관한 독자적인 입법이 행해지고 있는 선진국의 입법례가 참고될 수 있다. 그런 면에서 연방차원에서 「집회 및 시위에 관한 법률」을 갖고 있을 뿐만 아니라 란트에게 그에 관한 입법권을 부여하고 있는 독일의 입법례는 우리나라의 입법과정에서 시사하는 바가 크다고 생각된다. 특히 독일 연방헌법재판소의 판례와 집회에 관한 최근의 학설의 입장을 반영하여 2008년에 새로이 제정된 바이에른의 집회법은 그 내용이나 체계에 있어 가장 선진적인 입법례라고 생각되며, 따라서 학문적으로나 실무차원에서나 동법의 내용을 일별해 볼 필요성이 있다고 생각된다.

역자는 전술한 바와 같은 이유에서 바이에른 집회법의 내용을 우리나라에 소개하고자 하는 열망을 갖고 있었던바, 본서(本書)가 Text로 삼고 있는 Scheidler 박사의 저서(Bayerisches Versammlungsgesetz, Boorberg, 2008)를 보는 순간 이 책이야말로 바이에른 집회법의 내용을 소개하는 책자의 Text로 삼기에 적합하다는 생각을 갖게 되었다. 이처럼 역자가 Scheidler 박사의 책자를 번역 Text로 삼은 이유는 이 책자가 내용이 간결할 뿐만 아니라, 그 설명에 있어 균형(특히 분량상)이 잘 잡혀 있어 바이에른 집회법의 내용을 소개하고자 하는 역자의 목적에 정확히 부합하였기 때문이다. 다만 바이에른 집회법의 일부조항에 대하여 헌법적 차원에서 의문이 제기되어 있다는 점은 주목을 요한다(이러한 부분에 관하여는 본문에서 상세히 소개하기로 한다). 그러나 그러한 사정에도 불구하고 (적어도) 발전된 이론에 기초하고 있을 뿐만 아니라 위헌적 요소도 없는 동법상의 내용에 관하여는 비교법적 차원에서 고찰이 요구된다고 생각한다.

한편 본서의 Text인 Scheidler 박사의 저서는 분량이 많지 않은 대신 집회법에 관한 그간의 독일에서의 이론적 발전을 압축하여 서술하고 있어 독일의 집회법을 처음으로 대하는 독자들로서는 이해가 쉽지 않은 면이 있다. 이에 독자들이 그 내용을 효과적으로 이해하기 위하여 보충설명이 필요하다고 생각되는 부분에 관하여는 역주(譯註)를 통하여 가능한 한 상세히 설명하였다. 또한 필요한 한도에서 국내의 학설이나 문헌을 소개하여 본서가 단순한 역서(譯書)를 넘어서 미약하나마 집회법의 기본이론서로 기능할 수 있도록 최선을 다하였다.

본 역서의 출간은 많은 분의 노력에 힘입은 바 크다. 이 분들의 도움이 없었다면 본 역서의 출간은 불가능하였을 것이라고 하여도 과언이 아닐 것인바, 이곳에서 거명하여 그 고마움을 표하기로 한다. 먼저 역자의 관심을 경찰법으로 이끌어 주시고, 역자의 미비한 학문적 결과물에 대하여 여전히 지도를 아끼지 않으시는 김남진 교수님께 감사의 말씀을 드린다. 또한 용어의 선택에서부터 독일어의 뉘앙스에 대한 이해에 이르기까지 도움을 아끼지 않아 번역의 완결성을 높여 준 고려대학교 법학전문대학원의 윤재왕 교수와 최경인 독일어 동시통역사에게도 감사의 말씀을 드린다. 그리고 아무리 눈을 크게 뜨고 지켜보아도 상업성이라고는 찾아보기 힘든 이 책을 작금의 어려운 출판사정에도 불구하고 출간에 이르게 해주신 세창출판사 이방원 사장님께도 감사의 말씀을 전하고 싶다. 아울러 까다로운 편집작업을 통하여 본서의 완성도를 높여 준 세창출판사 편집부 직원의 노고에도 지면상으로나마 감사를 드린다.

2010년 여름

국립경찰대학 연구실에서

차 례

들어가며(Einführung) ··· 1

Ⅰ. 기본이론 _ 3

|1| 집회의 자유 ··· 3
|2| 란트의 입법권 ··· 6
|3| 연방의 「집회 및 시위에 관한 법률」과 바이에른의 집회법 간의 관계 ··· 8
|4| 집회와 관련된 법률을 새로이 정립할 필요성 ··· 9
|5| 바이에른 집회법에 대한 연방헌법재판소의 입장 ··· 12
a) 서 론 ··· 12
b) 과태료규정의 효력의 잠정적 박탈 ··· 15
aa) 개 관 ··· 15
bb) 개별규정 ··· 15
c) 바이에른 집회법 제9조의 권한의 수정 ··· 19
aa) 권한규범(Befugnisnorm)의 목적과 내용 ··· 19
bb) 연방헌법재판소의 의문 ··· 20
cc) 연방헌법재판소에 의한 규범의 수정 ··· 21
d) 결론과 전망 ··· 21

Ⅱ. 바이에른 집회법의 중요 조항 개관 _ 23

|1| 구조와 체계 ··· 23
|2| 총 칙 ··· 24

a) 바이에른 집회법 제2조 제1항의 집회의 개념 ············· 24
b) 바이에른 집회법 제2조 제3항에 따른 바이에른 집회법의 적용영역 ············· 29
c) 집회의 주관, 바이에른 집회법 제3조 ············· 31
d) 주최자의 의무와 참가자의 의무, 바이에른 집회법 제4조와 제5조 ············· 32
e) 무기의 금지, 유니폼착용금지, 군사적 행위의 금지 ····· 36
aa) 무기의 금지, 바이에른 집회법 제6조 ············· 36
bb) 유니폼착용금지, 바이에른 집회법 제7조 제1항 ···· 37
cc) 군사적 행위의 금지, 바이에른 집회법 제7조 제2항 ············· 39
f) 자료수집 및 촬영과 촬영물의 저장, 바이에른 집회법 제9조 ············· 44
| 3 | 옥내집회 ············· 47
a) 개　　설 ············· 47
b) 바이에른 집회법 제10조에 따른 주최자의 권리와 의무 ············· 48
c) 바이에른 집회법 제11조에 따른 질서문란자의 배제와 가택권 ············· 49
d) 행정청의 처분 ············· 50
aa) 집회개시 전의 처분, 바이에른 집회법 제12조 제1항 ············· 50
bb) 집회개시 후의 처분, 바이에른 집회법 제12조 제2항 ············· 51
| 4 | 옥외집회 ············· 51
a) 개　　설 ············· 51
b) 바이에른 집회법 제13조에 따른 주최자의 신고

의무(Anzeigepflicht)와 통지의무(Mitteilungspflicht) · ········ 52
aa) 개 관 ········ 52
bb) 바이에른 집회법 제13조 제1항에 따른 신고기간 ··· 54
cc) 신고의 형식과 내용 ········ 56
dd) 긴급집회와 우발적 집회의 특수성, 바이에른 집회법 제13조 제3항, 제4항 ········ 58
c) 바이에른 집회법 제14조의 협력의 원칙 ········ 59
d) 집회의 제한, 금지와 해산, 바이에른 집회법 제15조 ····· 63
aa) 개 관 ········ 63
bb) 극우주의자들의 집회의 특수성 ········ 67
e) 바이에른 집회법 제16조의 보호장구의 금지와 복면금지 ········ 76
aa) 원 칙 ········ 76
bb) 예 외 ········ 78
| 5 | 평화구역의 특수성 ········ 79
a) 원 칙 ········ 79
b) 예 외 ········ 80
| 6 | 형벌규정과 과태료규정 ········ 81
| 7 | 종결규정 ········ 82
a) 관할, 바이에른 집회법 제24조 ········ 82
b) 집행부정지의 원칙, 바이에른 집회법 제25조 ········ 83
c) 비용, 바이에른 집회법 제26조 ········ 84

[부 록]
바이에른 집회법(Bayerisches Versammlungsgesetz, BayVersG) ······ 86

▨ 색 인 ········ 111

들어가며(Einführung)

연방의 란트들 중 최초로 바이에른이 고유의 집회법을 제정하였다. 2008. 7. 22.의 바이에른 집회법(Das Bayerische Versammlungsgesetz, BayGVBl. 2008, S.421)은 2008년 10월 1일부터 발효하며, 이때부터 동법이 1978년 11월 15일에 공포되었던 연방의 「집회 및 시위에 관한 법률」(VersG)을 대체하게 된다. 이처럼 란트차원에서 집회와 관련된 법을 제정하는 것은 입법에 관한 관할권에 근본적 변화를 가져온 연방주의적 기본법이 2006년 9월 1일에 효력을 발한 이후에야 비로소 가능하게 되었다. 바이에른 집회법은 한편으로는 연방의 「집회 및 시위에 관한 법률」에 따르고 있는 면이 있기는 하지만, 다른 한편으로는 그 내용면에서나 체계면에서 연방의 「집회 및 시위에 관한 법률」과는 뚜렷한 차이를 보이고 있다. 이러한 차이점은 동법이 많은 곳에서 집회법을 결정적으로 특징짓는 연방헌법재판소의 판례를 받아들이고 있다는 것에 기인한다. 또한 바이에른 집회법의 체계는 모호한 준용규정을 가지고 있는 연방의 「집회 및 시위에 관한 법률」보다 훨씬 명확하며, 그를 적용하기가 용이한 구조를 취하고 있다. 따라서 행정청뿐만 아니라 집회를 주최하려 하는 바이에른의 주민들도 바이에른 집회법을 통하여 집회를 행함에 있어 무엇을 준수하여야 하는지를 보다 잘, 그리고 쉽게 이해할 수 있을 것이다.

이하에서는 바이에른 집회법의 구조와 체계뿐만 아니라 동법상의 중요한 규정에 대한 설명을 통하여 일반적인 원칙, 즉 헌법이 제공하는 기준에 근거하여 바이에른의 집회법의 내용을 개관해 보기로 하겠다. 이러한 설명은 무엇보다도 법률조문을 근거로 하지만, 법률조문 이외에 바이에른 집회법의 새로운 규정 속에서 재발견되는 연방헌법재판소의 판례 또한 설명의 근거를 이룬다.

I 기본이론

1 집회의 자유

독일기본법 제8조 제1항[1)]은(바이에른 헌법 제113조[2)]의 경우도 마찬가지이다) 평화적이고 집회참가자가 무기를 소지하지 않은 경우라면 신고를 하거나 허가를 받을 필요 없이 집회를 행할 수 있음을 규정하고 있다. 즉, 독일기본법은 공동의, 공적인 의사형성을 위한 토론이나 의사표현을 위하여 타인과 회합(會合)할 수 있는 자유를 보장하고 있다.[3)] 연방의 「집회 및 시위에 관한 법률」

---

1) 독일기본법 제8조 제1항은 「모든 독일인은 신고를 행하거나 허가를 받지 않고 평화적으로, 무기를 소지하지 않고 집회를 행할 권리를 갖는다」라고 규정하고 있다(譯註). 이하에서 譯註의 표기가 없는 것은 원저자인 Scheidler 박사의 註이다.

2) 바이에른 헌법 제113조는 「바이에른의 모든 주민(Bewohner)은 신고를 행하거나 허가를 받지 않고 평화적으로, 무기를 소지하지 않고 집회를 행할 권리를 갖는다」라고 규정하고 있다(譯註).

3) BVerfGE 69, 315(343) = BayVBl. 1985, 623(Brokdorf); BVerfGE 104, 92(104) = BayVBl. 2002, 237; 집회의 개념에 관하여는 vgl. *Leist*, Versammlungsrecht und Rechtextremismus(2003), S.41ff.; *Bredt*,

(Gesetz über Versammlungen und Aufzüge)[4]이 집회의 개념에 관하여 아무런 규정도 갖고 있지 않은 것과 달리, 바이에른 집회법(Das Bayerische Versammlungsgesetz, BayVersG)은 동법 제2조 제1항에서 독일연방헌법재판소에 의하여 발전되어 온 집회의 개념을 규정하고 있다.[5] 또한 동법은 집회의 개념을 충족시키기 위하여는 적어도 몇 명이 모여야 하는지에 관한 문제, 즉 3명 이상이 모여야 한다는 견해(3인설)와 적어도 2명 이상이 모여야 한다는 견해(2인설)의 대립[6]에 대하여 바이에른의 경우에는 2명 이상이 모이는 것으로 충분하다는 것을 분명히 하고 있다.

독일기본법 제8조 제2항에 따르면 집회의 자유는 ① 옥외집회(屋外集會, Versammlungen unter freiem Himmel)의 경우에는 법률 혹은 법률에 근거하여 제한될 수 있지만, ② 옥내집회(屋內集會,

---

NVwZ 2007, 1358(1359); *Kannengießer*, in: Schmidt-Bleibtreu/Hofmann/Hopfauf, GG-Kommentar, 11.Aufl., 2008, Art.8 GG Rn.3.

4) 여기서의 「집회 및 시위에 관한 법률」은 독일어의 'Gesetz über Versammlungen und Aufzüge'를 번역한 것이다. 다만 독일의 문헌들이 Aufzüge를 움직이는 집회, 즉 행진으로 이해하고 있음을 고려하면(*Köhler/Dürig-Friedl*, Demonstrations- und Versammlungsrecht, 4.Aufl., 2001, S.20) 'Gesetz über Versammlungen und Aufzüge'은 「집회와 행진에 관한 법률」이라고 번역하는 것이 타당하겠으나, 우리나라에서의 일반적 용어례를 고려하여 본서에서는 이를 일단 「집회 및 시위에 관한 법률」이라고 번역하기로 하겠다(譯註).

5) LT-Drucks. 15/10181, S.13.

6) 2명이면 충분하다는 견해로는 *Herzog*, in: Maunz/Dürig, GG-Kommentar (Stand: 2007), Art.8 Rn.48; *VGH Mannheim*, Urt. v. 25.4.2007, VBlBW 2008, 60 m.w.N; 반대의 견해, 즉 3명 이상이 모여야 한다는 견해로는 *Kannengießer*, in: Schmidt-Bleibtreu/Hofmann/Hopfau(Fn. 3), Art.8 GG Rn.3.

Versammlungen in geschlossen Räumen)의 경우에는 단지 직접적으로 헌법에 따른 제한만이 인정된다.[7] 옥외집회와 옥내집회를 이처럼 상이하게 규율하는 이유는 옥외집회의 경우 외부세계와의 접촉으로 인하여 그를 특별하게 규율할 필요성이 있기 때문이다. 즉, 옥외집회의 경우 집회의 자유의 행사에 대한 실질적인 조건을 규정하고, 그와 충돌하는 타인의 이익을 충분히 보장하기 위하여 조직법적으로나 절차법적으로 그를 특별하게 규율할 필요성이 있기 때문이다.[8] 1985년 5월 14일의 브로크도르프 결정(Brokdorf-Beschluß)은 집회의 자유에 관한 기본적이고도 획기적인 내용을 담고 있는데, 독일 연방헌법재판소는 동 결정에서 연방의 「집회 및 시위에 관한 법률」의 규정들은 그것이 집회의 자유의 근본적인 의미를 고려하여 해석되고 적용되는 경우에 헌법적 요청을 충족시킨다고 판시한 바 있다.[9] 한편 독일 연방헌법재판소는 집회의 자유에 관한 헌법적 요청을 정립하여 놓았는바, 그것은 다음과 같이 요약될 수 있다: 우발적 집회(偶發的 集會, Spontanversammlung)[10]에 대한 신고의무의 면제, 집회주최자의 협력의무, 평화적 집회의 자유

7) *Kannengießer*, in: Schmidt-Bleibtreu/Hofmann/Hopfauf(Fn.3), Art.8 GG Rn.10.

8) BVerfGE 69, 315(348) = BayVBl. 1985, 623(Brokdorf).

9) BVerfGE 69, 315(348) = BayVBl. 1985, 623(Brokdorf).

10) 우발적 집회란 현안에 대한 즉각적 대응으로서 순간적 동기에 의해, 즉 사전의 초대나 공고 없이 무계획적으로 이루어지는 집회를 말하는바, 이러한 우발적 집회의 특징은 그를 조직하고 계획하는 주최자가 없다는 것에서 찾을 수 있다. 역자는 지금까지 Spontanversammlung을 '자연발생적 집회'라고 번역하여 왔으나, 우리나라의 학계에서 이에 대하여 '우발적 집회'라는 용어를 사용하는 것이 일반화되어 있는 점을 고려하여 본서에서부터 이를 '우발적 집회'라고 번역하기로 한다(譯註).

의 보장, 집회를 금지시키는 경우 그렇지 아니하면 위험이 발생할 것이라고 예측할 수 있을 것.

Brokdorf 결정이 있은 이후 지금까지 집회의 자유에 관한 판례에 영향을 미치고 있는 이러한 헌법적 요청은 란트(Land)[11] 차원에서 집회에 관련된 법률을 제정하는 경우 란트의 입법권자에게 중요한 근거가 되었으며, 따라서 바이에른 집회법의 형성에도 결정적 기준이 되었다. 또한 다른 란트들의 경우에도 이러한 기준에 따라야만 할 것이므로 앞으로도 집회에 관련된 법률들은 독일기본법 제8조가 갖는 중앙집권적 영향력으로부터 벗어날 수 없을 것이다.[12]

| 2 | 란트의 입법권

독일의 경우 2006년 8월 31일까지는 (결사의 자유에 관한 것뿐만 아니라) 집회의 자유에 관한 사항도 구 독일기본법 제74조 제1항 제3호에 따라 이른바 경합적 입법권(競合的 立法權, konkurrierender

11) 독일연방공화국은 많은 란트(Land)로 구성되어 있는 연방국가인바, 이 경우 연방(Bund)을 구성하고 있는 란트(Land)를 어떻게 번역할 것인지의 문제가 있다. 현재 우리나라의 경우에는 미국의 예에 따라서 州 또는 (聯邦에 대비되는 개념으로서의) 支邦이라는 용어가 사용되고 있는바, 그들 용어가 독일의 란트가 갖는 특수성 내지 의미를 충분히 전달하고 있다고 생각되지 않으므로 본 역서에서는 '란트'라는 표현을 그대로 사용하기로 하겠다(譯註).

12) *Degenhart,* NVwZ 2006, 1209(1214); vgl. *Nierhaus/Rademacher*, LKV 2006, 385(389).

Gesetzgebung)[13]의 대상이었다. 다만 연방이 「집회 및 시위에 관한 법률」의 제정을 통하여 그의 입법권을 포괄적으로 행사하였기 때문에 집회의 자유에 관한 란트의 입법권은 독일기본법 제72조 제1항에 따라 부정되었다.[14] 이에 란트의 입법권을 강화시키기 위하여[15] 2006년 9월 1일에 발효한 연방주의에 기초하여 개정된 독일기본법[16]은 연방과 란트간의 입법에 관하여 새로이 규율하고 있는바, 이는 집회에 관한 법의 영역의 경우도 마찬가지이다. 집회에 관한 법에 대한 연방의 입법권은 입법기술상 경합적 입법권의 대상목록에서 집회법을 삭제하는 방식을 통하여 란트로 이전되었다: 즉, 종래의 규율과 달리 독일기본법 제74조 제1항은 더 이상 경합적 입법권의 대상을 규정함에 있어 집회에 관한 법을 열거하지 않고 있으며, 따라서 독일기본법 제70조 제1항[17]에

13) 연방국가인 독일의 경우 연방이 갖는 입법권의 범위가 중요한 의미를 갖는바, 독일 기본법 제71조 내지 제74조는 연방에게 2종류의 입법권한, 즉 ① 전속적 입법권(專屬的 立法權, ausschließlicher Gesetzgebung)과 ② 경합적 입법권(konkurrierender Gesetzgebung)을 인정하고 있다. 여기서 전속적 입법권이란 연방만이 입법권을 갖는 사항에 대한 연방의 입법권을 말하며, 경합적 입법권이란 연방과 란트가 모두 입법권한을 갖는 사항에 대한 연방의 입법권을 의미한다(譯註).

14) 독일기본법 제72조 제1항에 따르면 경합적 입법권이 인정되는 영역에서는 연방이 자신의 입법권을 행사하지 않는 경우에 그 한도에서만 란트가 입법권을 갖도록 되어 있다(譯註).

15) BT-Drucks. 16/813, S.9; 또한 *Scheidler*, KommunalPraxis, BY 2008, 122.

16) 2006.8.28의 「기본법 개정을 위한 법률」 BGBl. Ⅰ S.2034; 연방주의에 입각한 개혁에 관하여 일반적인 것은 vgl. *Scheidler*, Wiverw 2008, 1(51ff.); *Papier*, NJW 2007, 2145; *Mayen*, DRiZ 2007, 51; *Degenhart*, NVwZ 2006, 1209; *Rengeling*, DVBl. 2006, 1537.

17) 독일기본법 제70조 제1항은 「독일기본법이 연방에게 입법권을 부

따라 이제 란트가 집회에 관한 법에 대한 입법권을 갖게 되었다.[18] 이로 인하여 란트 차원에서 집회에 관련된 법률을 제정하기 위한 길이 —바이에른 집회법의 경우에도— 헌법적으로 열리게 되었다.

|3| 연방의 「집회 및 시위에 관한 법률」과 바이에른의 집회법 간의 관계

연방의 「집회 및 시위에 관한 법률」이 예전과 마찬가지로 그대로 존재하고 있음으로 인하여 연방의 「집회 및 시위에 관한 법률」과 바이에른의 집회법 간의 관계에 대한 문제가 생겨나게 되었다. 이 문제에 대한 답은 독일기본법 제125a조 제1항 제1문의 경과규정(經過規定, Übergangsvorschrift)에서 찾을 수 있는바, 그에 따르면 독일기본법 제74조 제1항의 개정으로 인하여 더 이상 연방법으로 제정될 수 없는 사항에 관하여 연방법으로 제정되었던 법은 연방법으로서는 계속하여 효력을 갖는다. 이것은 「집회 및 시위에 관한 법률」의 경우에도 그대로 타당하다.[19] 이제 그러한 구법(舊法, Altrecht)은 독일기본법 제125a조 제1항 제2문에 따라

여하고 있지 않는 사항에 대하여는 란트가 입법권을 갖는다」라고 규정하고 있다(譯註).

18) BT-Drucks. 16/813; 또한 *Sannwald*, in: Schmidt-Bleibtreu/Hofmann/Hopfauf, GG-Kommentar, 11.Aufl., 2008, Art.74 GG Rn.60; *Scheffczyk/Wolff*, LKV 2007, 482; *Scheidler*, ZRP 2008, 151(152).

19) LT-Drucks. 16/813, 12; *Maiwald*, in: Schmidt-Bleibtreu/Hofmann/Hopfauf(Fn.3), Art.125a GG Rn.2; *Scheidler*, ZRP 2008, 151(152).

란트법(Landrecht)으로 대체될 수 있게 된다. 바이에른은 2008년 7월 22일에 바이에른 집회법을 제정함으로써 연방의 란트들 가운데 최초로 이러한 입법권을 포괄적으로 행사하였으며, 따라서 연방의 「집회 및 시위에 관한 법률」은 —연방의 다른 란트들에서는 그것이 효력을 가짐에도 불구하고[20]— 바이에른에서는 더 이상 효력을 가질 수 없게 되었다(바이에른 집회법 제28조 제1항 제2문 참조). 모든 연방의 란트들이 집회에 관련된 법률을 제정하여야 비로소 연방의 「집회 및 시위에 관한 법률」은 진부한 법률이 되어 폐기되게 될 것이다.

| 4 | 집회와 관련된 법률을 새로이 정립할 필요성

전술한 바와 같이 집회와 관련된 고유의 법률을 제정하지 않고 있는 란트들에서는 연방의 「집회 및 시위에 관한 법률」이 오늘날에도 여전히 그대로 효력을 유지하고 있다(독일기본법 제125조a 제1항 제1문 참조, 전술한 3. 연방의 「집회 및 시위에 관한 법률」과 바이에른의 집회법 간의 관계를 보라). 이로부터 무엇 때문에 바이에른의 경우 집회와 관련된 고유의 법률을 제정하지 않음으로써 바이에른에서도 연방의 「집회 및 시위에 관한 법률」이 그대로 적용될수 있도록 하는 대신에, 새로이 집회법을 제정하였는가라는 의문이 제기된다. 생각건대 바이에른에서 집회법을 제정하게 된 이유는 1953년에 제정된 연방의 「집회 및 시위에 관한 법률」은

20) 이에 관하여는 vgl. *Maiwald*, in: Schmidt-Bleibtreu/Hofmann/Hopfauf, GG-Kommentar(Fn.3), Art 125a GG Rn.6; 또한 *Scheidler*, ZRP 2008, 151(152); *ders.*, KommunalPraxis BY 2008, 122를 보라.

여러 차례에 걸친 개정[21]에도 불구하고 근래의 일어난 상황의 변화 내지 발전을 전범위에서 충분히 고려하고 있지 못하다는 것에서 찾을 수 있다.[22] 이러한 변화는 근래에 극렬해진 극우주의자 혹은 극좌주의자들의 집회[23]뿐만 아니라 새로운 유형의 회합(會合)들,[24] 예컨대 Love Parade[25] 및 — 그에 대한 반대로서 — Fuck-Parade,[26] 혹은 집합적인 의사표현을 비언어적(非言語的, Nonverbal)으로 나타내는 단순한 침묵시위(bloße Mahnwache)[27]와 관련 있다.

---

21) 2005년 3월 24일의 「집회 및 시위에 관한 법률과 형법개정법률」(BGBl. Ⅰ S.969)은 2005년 4월 1일에 발효하였다. 이에 관하여는 *Scheidler*, BayVBl. 2005, 453; *Leist,* NVwZ 2005, 500; *Poscher*, NJW 2005, 1316, *Enders/Lange*, JZ 2006, 105; *Schoch*, Jura 2006, 27; *Stohrer*, JuS 2006, 15를 보라.

22) LT-Drucks. 15/10181, S.1.

23) 2007년 바이에른에서의 극우주의와 극좌주의의 발전에 관하여는 *Bayer. Staatsministerium des Innern*, Verfassungsschutzbericht 2007, S.93ff. 및 S.147ff.를 보라.

24) 집회에 관한 법에 의하여 보호받는 집회는 전통적 유형의 회합에 국한되는 것이 아니라 다양한 형식의 공동의 행위를 포함하는 것이라는 점에 관하여는 vgl. *BVerwG*, Urt. v. 22.8.2007, NVwZ 2007, 1434.

25) Love-Parade는 1989년 베를린의 테크노 뮤지션 Dr. Motte의 생일을 기념해 테크노 음악팬들이 '평화, 기쁨, 팬케이크'라는 구호를 내세우며 베를린 시내 쿠담거리에서 퍼레이드를 벌인 데서 시작된 것인바, 테크노 음악축제로 시작되었기 때문에 Techno-Parade란 이름으로 불리기도 한다(譯註). 이에 관하여는 vgl. *BVerfG*, Entsch. v.12.7.2001, BayVBl. 2001, 687; *Wiefelspütz*, NJW 2002, 274; *Kannengießer*, in: Schmidt-Bleibtreu/Hofmann/Hopfauf(Fn.3) Art.8 GG Rn.3.

26) 이에 관하여는 *BVerwG*, Urt. v. 16.5.2007, NVwZ 2007, 1431; *Bredt*, NVwZ 2007, 1358(1360)를 보라.

27) 이에 관하여는 *VGH Mannheim*, Urt. v. 25.4.2007, VBlBW 2008,

연방헌법재판소는 집회의 자유의 보호를 계속하여 강화시켜 왔으며 집회에 관한 권한을 가진 행정청과 경찰에게 집회의 자유를 보장할 것을 명확하게 요구하여 왔던바, 법적인 관점에서 볼 때 집회와 관련된 법률의 계속적인 발전은 무엇보다도 이러한 연방헌법재판소의 판례를 통하여 이루어졌다.[28]

집회와 관련된 그 같은 발전을 이해하고 입법과정에서 그를 고려하는 것은 입법자의 과제라고 할 것인바, 이를 위하여는 집회와 관련된 법률을 새로이 정립할 필요가 있었다. 이 경우 집회에 관련된 법률에 대한 입법권이 연방으로부터 란트에 이전되었기 때문에 란트의 입법권자의 활동이 요구되는바, 바이에른은 새로이 바이에른 집회법을 정립하고, 동시에 1957년 7월 15일의 「연방의 집회 및 시위에 관한 법률 시행법률」을 폐지함으로써(바이에른 집회법 제28조 제1항 제3문 제3호) 이러한 요청에 부응하였다; 「연방의 집회 및 시위에 관한 법률 시행법률」은 이제 바이에른 집회법 제24조에 의해 규율되는 관할(管轄, Zuständigkeit)에 관한 규정을 갖고 있었다. 또한 바이에른 집회법은 1952년 3월 7일의 바이에른 「란트의사당의 평화에 관한 법률」(Das gesetz über die Befriedung des Landtagsgebäudes) 및 그를 보충하는 1969년 4월 30일의 「란트의사당의 평화에 관한 법률」 시행령[29]을 대체하였으며, 그들 법령에 규정되었던 규율들은 부분적으로 바이에른 집회법 제17조 내지 제19조에 그대로 받아들여졌다.

60; *BayVGH*, Beschl. v. 6.5.2005, AZ.; 24 CS 05.1160을 보라.

28) LT-Drucks. 15/10181, S.2.

29) BayRS 2180-5-Ⅰ 및 BayRS 2180-5-1-Ⅰ.

| 5 | 바이에른 집회법에 대한 연방헌법재판소의 입장[30]

a) 서 론

2009년 2월 17일의 결정[31]을 통하여 연방헌법재판소는 연방헌법재판소법(BVerfGG) 제32조에 따른 가명령(假命令, einstweiige Anordnung)의 방식을 통하여 바이에른 집회법의 일부조항의 효력을 잠정적으로 박탈하였다.[32] 이 결정은 주최자(Veranstalter)의 공

---

30) 본 역서(譯書)의 Text는 2008년에 간행된 *Scheidler*, Bayerisches Versammlungsgesetz이다. 그런데 이하의 서술에서 알게 되듯이 2009년 2월에 독일의 연방헌법재판소는 동법의 일부조항에 위헌성이 있음을 이유로 일부조항에 대해 효력을 정지시키는 결정을 행하였는바, 바이에른 집회법의 내용 내지 향후 발전방향에 대한 올바른 이해를 위하여서는 이러한 연방헌법재판소의 결정에 대한 이해가 선행되어야 한다고 할 수 있다. 이에 동 결정을 소개하여야 할 필요성에 대해 절감하고 있었는데 마침 역자(譯者)가 Text로 삼고 있는 책의 저자인 Scheldler 박사가 이 문제에 관하여 독일의 유명한 행정법학 관련잡지인 NVwZ(Neue Zeitschrift für Verwaltungsrecht)에 “Bedenken des Bundesverfassungsgerichts gegen das Bayerisches Versammlungsrecht”라는 제목의 논문을 게재하였다(Vgl. *Scheidler*, NVwZ 2009, 429ff.). 역서(譯書)의 다른 부분과의 조화 등을 고려할 때 Scheidler 박사의 위 논문을 번역하여 게재하는 것이 역서의 완결성확보를 위하여 가장 효율적이라고 생각되어 이하에서 위 논문을 번역하여 소개하기로 한다(譯註).

31) *BVerfG,* Beschl. v. 17.2.2009 - 1 BvR 2492/08, NVwZ 2009, 441.

32) 한편 연방헌법재판소는 2009년 8월 4일에 2009년 2월 17일에 있었던 가명령의 효력을 6개월간 다시 연장하는 결정을 행하였다(Vgl. Beschl. v. 4.8.2009, BGBl. Ⅰ S.524, 譯註).

고의무/신고의무와 통지의무, 주관자(Leiter)의 협력의무, 그리고 집회참가자(Teilnemer)의 군사적 행위의 금지에 관한 과태료규정에 관한 것이었다. 또한 이 결정을 통하여 집회와 관련하여 행해지는 경찰의 촬영과 정보수집조치에 대한 권한이 잠정적으르 수정되어 제한을 받게 되었다. 연방헌법재판소의 이 결정은 바이에른을 넘어서 집회에 관련된 법률을 제정하고자 하는 모든 란트들에 대하여 방향을 설정하여 주는 의미를 갖는다.

2006년 9월 1일에 발효한 연방주의적 개정헌법이 집회에 관한 법률의 입법권한을 연방으로부터 각 란트에 넘겨 준 이후에[33] 바이에른이 최초로 집회에 관한 고유한 법률을 제정하였으며, 그리고 지금까지는 유일하게 바이에른만이 집회에 관한 고유한 법률을 갖고 있다.[34] 바이에른에서 연방의 「집회 및 시위에 관한 법률」을 대체한 바이에른 집회법은(독일기본법 제12a조 제1항 제2문, 바이에른 헌법 제28조 제1항 제2문) 2008년 10월 1일에 발효하였다.

바이에른의 노동조합연합회와 정당들 및 다른 비국가적 조직들은 헌법소원(憲法訴願, Verfassungsbeschwerde)을 통하여 바이에른 집회법의 전부 혹은 바이에른 집회법 규정 중 몇몇 조항이 집회의 자유에 반한다고 주장하였다. 즉, 이들 규정은 관료주의적 지배와 국민에 대한 통제를 가져오고, 그 결과 집회의 자유 자체가

---

33) 이에 관하여는 *Scheidler*, ZRP 2008, 151; *ders.*, BayVBl. 2009, 33; *Degenhart*, in: Sachs, GG 5.Aufl.(2009), Art.74 GG Rn.31.

34) 이에 관하여 보다 자세한 것은 *Kutscha,* NVwZ 2008, 1210; *Welsch/Martic,* KommunalPraxis 2008, 322와 375; *Scheidler,* BayVersG – Textausgabe mit Einf., 2008; *ders.,* BayVBl. 2008, 33.

위축되게 된다는 것이다. 물론 극우주의자들의 집회가 갖는 특별한 위험에 대처하기 위한 규정들(바이에른 집회법 제15조 제3항)은 이러한 공격에서 명시적으로 제외되었다.

헌법소원에 대한 결정이 있을 때까지 바이에른 집회법의 효력을 잠정적으로 가명령이란 방식을 통하여 박탈하기 위하여 제기된 헌법소원에 대하여 연방헌법재판소는 2009년 2월 17일 일부인용(一部認容) 결정을 행하였다.[35] 지금까지 연방헌법재판소는 어떤 법률의 효력발생을 지연시키거나 이미 효력이 발생한 법률의 효력을 다시 박탈할 수 있는 자신의 권한을 매우 조심스럽게 행사하여 왔는바, 이는 그러한 가명령을 발하는 것은 언제나 입법자의 형성의 자유를 침해하는 것이 되기 때문이다. 따라서 어떤 법률에 대한 헌법소원절차가 개시된 경우에도 당해 법률의 효력은 다음과 같은 경우에 한하여서만 잠정적으로 박탈되어질 수 있다. 즉, 문제되는 법률의 효력을 정지시키지 않고 그대로 인정하였는데 사후적으로 그 법률의 위헌성이 확인된 경우 그로 인하여 발생하는 불이익이 특별히 중대하고, 또한 그러한 불이익이 그의 범위와 정도에 있어 사후적으로 합헌이라는 것이 증명된 법률을 효력을 잠정적으로 박탈한 경우에 발생하는 불이익을 능가하는 것이 명백한 경우에 한하여 법률의 효력을 잠정적으로 박탈하는 것이 인정된다. 그런데 연방헌법재판소는 바이에른의 집회법의 몇몇 규정, 즉 일부 과태료규정과 경찰의 촬영과 정보수집에 관한 권한규범(Befugnisnorm)이 이러한 요건을 충족시키고 있다고 보았다.

---

35) *BVerfG*, NVwZ 2009, 441.

b) 과태료규정의 효력의 잠정적 박탈

aa) 개　　관

바이에른 집회법 제21조는 일련의 과태료규정(過怠料規定, Bußgeldvorschriften)을 그 내용으로 하는바, 그에 따르면 구체적인 경우에 있어 바이에른 집회법이 열거하고 있는 의무에 위반한 자에 대하여는 최고 3000Euro까지의 과태료가 부과된다. 또한 바이에른 집회법 제21조는 집회법상의 많은 명령이나 금지를 위반하는 것을 직접적으로 질서위반행위(秩序違反行爲, Ordnungswidrigkeiten)로 보고 있다.

이에 대하여 산정(算定)하기 어려운 인적 제재가 바이에른 집회법의 과태료규정들과 결합되어 있는바, 이는 국민에게 위하적 효과(威嚇的 效果, Einschüchterungseffekt)를 가져오고 집회의 자유라는 기본권행사를 침해할 수 있다. 따라서 연방헌법재판소는 몇몇 과태료규정의 효력을 박탈하였다. 그러나 연방헌법재판소는 과태료규정의 근거가 되는 집회법상의 명령이나 금지에 대하여는 효력을 박탈하지 아니하였는바, 이는 그리하게 되면 바이에른 집회법이 헌법소원에 대한 본안결정이 있을 때까지 핵심적 규율을 갖지 못하게 되고, 그로 인하여 바이에른 집회법의 집행이 현저하게 위협받게 될 수 있기 때문이다.

bb) 개별규정

① 바이에른 집회법 제21조 제1호. 바이에른 집회법 제21조 제1호에 따르면 바이에른 집회법 제3조 제3항에 위반하여 집회의 시간, 장소, 목적 및 주최자의 성명을 밝히지 않은 자는 질서위반행위를 범한 것이 된다. 이 규정은 공개집회의 중요한 사정을 공

중에게 알리고, 그를 통하여 비관여인이 집회에 참가할 것인지 여부를 결정할 수 있도록 하는 것을 그 목적으로 한다.[36] 연방헌법재판소는 2009년 2월 17일의 결정에서 이러한 의무가 모든 집회에, 즉 그 집회가 대규모인지 소규모인지 여부, 옥내집회인지 옥외집회인지 여부 혹은 우발적 집회인지 계획된 집회인지 여부와 관계없이 존재한다는 것을 비판하고 있다. 즉, "비록 밝혀야 할 사항이 그 자체로는 아주 간단한 것이라고 할지라도 무엇을 초청(Einladung)으로 볼 것인지, 어느 정도의 정확성이 요구되는지 혹은 —SMS와 같은— 오늘날의 전자통신의 형식에 있어 어떻게 그를 보장할 것인지는 실로 의문스러운 것일 수 있다는 것이다.[37] 이런 이유에서 연방헌법재판소는 이러한 의무위반에 대한 제재를 규정하고 있는 바이에른 집회법 제21조 제1호의 효력을 잠정적으로 박탈하였다.

② 바이에른 집회법 제21조 제2호. 바이에른 집회법 제21조 제2호에 따르면 바이에른 집회법 제4조 제3항 제1문 혹은 제3문에 위반하여 적당한 조치를 취하지 않거나 집회의 종결(終結)을 선언하지 않은 자는 질서위반행위를 행한 것이 된다. 따라서 이 과태료규정은 집회의 주관자의 의무와 관련된 것이다[38]: 집회의 주관자는 집회로부터 폭력행위가 행해지는 것을 저지하기에 적당한 조치를 취하여야 한다. 주관자가 그러한 조치를 취할 수 없는 경우에는, 집회의 종결(終結)을 선언하여야 한다.

---

36) 2008년 3월 25일에 있었던 녹색당 의원들의 서면질의에 대한 2008년 6월 26일의 내무부의 답변, LT-Dr. 15/10994, S.2.

37) *BVerfG,* NVwZ 2009, 441.

38) 이러한 의무에 관하여는 *Welsch/Martic,* KommunalPraxis 2008, 322(325); *Scheidler,* BayVersG(Fn.34), S.17f.를 보라.

연방헌법재판소는 폭력행위의 저지에 관한 집회의 주관자의 의무는 보다 구체화되어야 할 필요가 있다고 보았다: 즉, "집회로부터" "폭력행위"가 행해지는 것을 "저지"하기에 "적당한 조치"가 무엇인지,[39] 그리고 언제 그러한 조치를 취할 수 없어서 집회가 해산되어야 하는지의 문제는 (종종 일견에 판단할 수 없는 상황하에서) 매우 어려운 판단에 의존할 수밖에 없다. 이처럼 여기서의 의무는 명백하게 규정되지 않았기 때문에 이러한 의무에 위반하였다는 것을 이유로 제재를 하는 것은 헌법적으로 문제가 있다.[40] 따라서 연방헌법재판소는 바이에른 집회법 제21조 제2호도 그 효력을 잠정적으로 박탈하였다.

③ 바이에른 집회법 제21조 제7호. 바이에른 집회법 제21조 제7호에 따르면 바이에른 집회법 제7조 제2항에 위반하여 집회에 참가한 자, 즉 군사적 행위금지에 위반한 자는 질서위반행위를 한 것이 된다.[41] 연방헌법재판소는 이러한 의무 역시 보다 구체화되어야 할 필요가 있다고 보았으며, 따라서 이러한 의무위반을 이유로 처벌을 행하는 바이에른 집회법 제21조 제7호 역시 잠정적으로 효력이 박탈되었다.

---

39) "집회로부터" "폭력행위"가 행해지는 것을 "저지"하기에 "적당한 조치"가 무엇인지라는 문장상의 " "부분은 원문에 있는 것이다. 결국 연방헌법재판소는 " "부분의 의미가 불분명한 면이 있으므로 구체화될 필요가 있다는 것이다(譯註).

40) *BVerfG,* NVwZ 2009, 441; 바이에른 집회법 제4조 제3항으로부터 나오는 주관자의 이러한 의무에 대하여 비판적인 것으로는 또한 *Kutscha*, NVwZ 2008, 1210(1211).

41) 군사적 행위의 금지(바이에른 집회법 제7조 제2항)에 관하여 자세한 것은 *Welsch/Martic,* KommunalPraxis 2008, 375(377); *Scheidler*, BayVersG(Fn.34), S.21f.; *ders.*, BayVBl. 2008, 33(36f.)를 보라.

④ 바이에른 집회법 제21조 제13호와 제14호. 바이에른 집회법 제21조 제13호에 따르면 바이에른 집회법 제13조 제1항 제1문에 위반하여 신고를 틀리게 하거나, 충분히 하지 않거나 혹은 적시에 하지 않은 자는 질서위반행위를 한 것이 된다. 이것은 의도된 집회를 72시간 내에 권한 있는 행정청에 신고하여야 할 주최자의 의무에 관한 것이다.[42] 바이에른 집회법 제21조 제14호는 바이에른 집회법 제13조 제2항제3문에 따른 주최자의 의무, 즉 신고된 내용에 변경이 있을 때 권한 있는 행정청에 지체 없이 통지할 의무에 관한 것이다. 연방헌법재판소는 이들 과태료에 관한 2개의 규정의 효력을 잠정적으로 박탈하였다.

과태료에 의한 처벌이 규정되어 있는 바이에른 집회법 제13조의 통지의무에 관하여는 이미 다른 관점에서 비판[43]이 행해진 바 있다. 이러한 통지의무는 조직의 구성이 자유로운 다수의 이질적인 집단으로 이루어진 집회에 있어서는 주최자에게 중대한 위험을 가진 책임을 과하는 것이 된다는 것이다: 즉, 이러한 역할을 떠맡는 자는 (그처럼 결속력이 약한 집회의 경우 통상적으로 우발적인 의사결정이 행하여짐을 고려할 때) 그가 그 집회에 대하여 매우 제한적인 영향력을 가지고 있을 뿐임에도 불구하고 신고된 내용과 집회의 진행이 완전히 일치하여야 한다는 것에 대한 책임을 지게 된다. 따라서 바이에른 집회법 제13조가 이러한 유형의 집단에게는 그들이 집회를 개최하는 것을 곤란케 하는 위협적 규범이 될 것이라는 우려는 부정될 수 없는 것이다.

---

42) 이에 관하여 자세한 것은 *Welsch/Martic*, KommunalPraxis 2008, 322(323); *Dietel/Kintzel/Kniesel*, Versammlungsgesetz 15.Aufl.(2008), §14 Rn.55ff.

43) *Kutscha*, NVwZ 2008, 1210(1211).

c) 바이에른 집회법 제9조의 권한의 수정

aa) 권한규범(Befugnisnorm)의 목적과 내용

독일기본법 제8조 제1항의 보호영역은 '내적(內的)인 집회의 자유'(innere Versammlungsfreiheit)[44] 외에 집회참가자들이 무제한적인 국가의 감시가 행해진다는 것을 두려워할 필요 없이 기본권을 행사하는 것을 결정할 자유를 포함한다. 따라서 국가, 즉 경찰은 아무런 제한 없이 집회참가자의 개인관련정보를 수집하거나 촬영이나 녹음을 행하고 촬영물이나 녹음물을 저장할 수 있는 것이 아니라, 일정한 요건하에서만 그를 행할 수 있다.[45] 바이에른 집회법 제9조는 그러한 요건에 관하여 규율하고 있다. 그리하여 바이에른 집회법 제9조 제2항은 경찰의 촬영과 정보수집조치에 관한 권한을 규율하고 있다. 동 규정은 경찰에게 경찰투입을 유도하고 지휘하기 위한 '조망촬영'(眺望撮影,[46] Übersichtaufnahme, 바이에른 집회법 제9조 제2항 제1문)과 실질적 조치에 대한 평가를 위한 '조망촬영 및 조망촬영물의 저장'(Übersichtsaufzeichnungen, 바이에른 집회법 제9조 제2항 제2문)에 관한 권한을 부여하고 있다.[47]

---

44) 여기서 내적인 집회의 자유라고 함은 ① 적극적으로 집회를 개최하는 자유, 집회를 진행하는 자유, 집회에 참가하는 자유와 ② 소극적으로 집회를 주최하지 않을 자유와 집회에 참가하지 않을 자유를 말하는 것으로 이해되고 있다(譯註).

45) Vgl. *Dietel/Kintzel/Kniesel*(Fn.42), §12a VersG Rn.3.

46) 조망촬영이란 경찰의 투입에 대한 지휘와 유도, 사후에 행해질 수도 있는 수사절차를 위한 기록 혹은 경찰의 교육(신임교육과 재교육 포함)을 위하여 행해지는 촬영을 말하는바, 이 점에서 집회참가자 개인의 신원확인을 목적으로 행하여지는 촬영과 개념적으로 구분될 수 있다(譯註).

47) 독일어에서 Aufnahmen이란 단어는 원래 단지 말 그대로의 촬영을

특히 후자의 경우에는 그를 계속적으로 이용하기 위하여 장기간, 경우에 따라서는 심지어 무제한적으로 저장될 수도 있다.

bb) 연방헌법재판소의 의문

바이에른 집회법 제9조 제2항이 허용하고 있는 조망촬영 및 조망촬영물의 저장의 경우 오늘날의 기술수준을 고려할 때 그것만으로도 개인의 신원을 식별할 수 있다. 바이에른 집회법 제9조 제2항 제2문은 촬영 및 촬영물의 저장필요성에 대한 아무런 원인도 부여하지 않은 개개 집회참가자에 대한 촬영을 포함한 전체 집회의 진행상황에 대해 특별한 이유 없이도 촬영하고 촬영물을 저장할 수 있는 권한을 부여하고 있다. 따라서 모든 집회에 있어 모든 집회참가자들은 집회의 규모와 집회의 잠재적 위험성과 상관없이 그의 참가가 촬영·저장된다는 것을 고려하여야 한다. 이로 인한 불이익은 집회와 관련하여 장래에 발생할지도 모르는 특별한 위험의 방지를 위하여, 그리고 거기에서 더 나아가 일반적인 형사소추를 위하여서도 촬영된 때로부터 1년간 그를 사용하고 저장할 수 있다는 것 때문에 더욱 심각하다. 그처럼 아무런 이유 없이 정보를 저장하는 것은 집회의 자유, 따라서 민주주의적 의사형성에 있어 중요한 기본권의 행사와 관련 있으며, 이는 아주 심각한 불이익을 가져오게 된다.

의미하는 것으로 사용되며, 촬영물을 저장하는 것까지 포괄하는 의미로는 Aufzeichnen이란 단어를 사용하는 것이 원칙이다. 그럼에도 불구하고 연방의 「집회 및 시위에 관한 법률」은 적어도 법조문상으로는 Aufnahmen과 Aufzeichnen을 구분하지 않고 있었다. 그러나 2008년에 제정된 바이에른 집회법은 Aufnahmen과 Aufzeichnen을 법조문상으로 명확히 구별하고 있다(譯註).

cc) 연방헌법재판소에 의한 규범의 수정

연방헌법재판소는 본안(本案, Hauptsache)에 대한 결정이 있을 때까지 제한된 기준을 제시함으로써 이러한 손해에 대하여 제한을 가하고 있다. 그에 따르면 조망촬영과 조망촬영된 촬영물의 저장은 집회로부터 공공의 안녕 혹은 질서[48]에 대한 현저한 위험이 발생할 것이라고 인정할 수 있는 실질적 근거가 있고, 또한 그 이후의 이용과 저장이 그 동기와 관련하여 제한되는 경우에 한하여 허용된다.[49]

d) 결론과 전망

이미 1985년 5월 14일의 Brokdorf 결정[50]에서 연방헌법재판소는 집회의 자유의 행사를 통하여 적극적으로 정치적 의사형성과정에 참여할 수 있는 국민의 권리가 민주주의, 특히 의회민주주의의 기능에 있어 불가결한 요소라는 것을 확인한 바 있다. 이런 의미에서 집회는 국민주권의 표현이며, 따라서 정치과정에의

---

48) 여기서 공공의 안녕(öffentliche Sicherheit)이란 「개인의 생명 · 신체(건강) · 명예 · 자유 · 재산과 같은 주관적 권리와 법익, 객관적인 성문의 법질서, 국가의 존속 · 국가 및 그 밖의 공권력주체의 제도 및 행사가 아무런 장해도 받고 있지 않은 상태」를 말하며, 공공의 질서(öffentliche Ordnung)란 「그때 그때의 지배적인 (헌법상의 가치척도에 따른) 윤리관 · 가치관에 따를 때 그를 준수하는 것이 인간의 원만한 공동생활을 위한 불가결의 전제조건이라고 간주되는, 공중 속에서 인간의 행위에 대한 불문규율의 총체」를 의미하는 것으로 이해된다. 한편 이들 개념에 관하여 보다 자세한 내용에 관하여는 *서정범/김연태/이기춘*, 경찰법연구, 세창출판사, 2009, 66쪽 이하, 86쪽 이하 참조.

49) *BVerfG*, NVwZ 2009, 441.

50) BVerfGE 69, 315(347) = NJW 1985, 2395.

적극적 참가를 위한 민주시민의 권리로 이해되어야 한다.[51] 집회의 자유가 갖는 이러한 근본적 의미는 바이에른 집회법에 관한 2009년 2월 17일의 결정에도 나타나 있다. 바이에른 집회법의 몇몇 규정은 이러한 독일기본법 제8조의 요구에 적합하지 않다. 따라서 바이에른의 입법자는 바이에른 집회법을 개정할 의무가 있다. 또한 이것과 상관없이 기독교사회당연합(CSU, Christlich-Soziale Union)[52]과 자유민주당(FDP, Freie Demokratische Partei)은 연정합의(聯政合意, Koalitionsvereinbarung)를 통하여 이미 "바이에른 집회법의 내용을 국민에 친화적으로 형성할 것"을 결정한 바 있다.

---

51) BVerfGE 69, 315(347) = NJW 1985, 2395. 또한 *Kannengießer*, in: Schmidt-Bleibitreu/Hofmann/Hoffauf(Fn.3), Art.8 GG Rn.2를 보라.

52) CSU는 1946년 바이에른에서 가톨릭 및 신교단체들이 결성한 보수정당으로 자유경제와 연방주의 그리고 그리스도교 사상으로 통합된 유럽을 지향하며, 바이에른을 제외한 독일의 모든 란트에서 활동하고 있는 독일기독교민주당연합(CDU, Christlich-Demokratische Union)과 협력하는 것이 관례로 되어 있다(譯註).

Ⅱ 바이에른 집회법의 중요 조항 개관

|1| 구조와 체계

바이에른 집회법은 제1장의 총칙 다음에 옥내집회(제2장)와 옥외집회(제3장)를 구분하여 규정하고 있는바, 이 점에서 연방의 「집회 및 시위에 관한 법률」과 유사한 구조를 갖추고 있다고 할 수 있다. 그러나 바이에른 집회법은 옥내집회와 옥외집회에 동일하게 적용되는 모든 규정을 총칙에 규정함으로써 연방의 「집회 및 시위에 관한 법률」에 비하여 훨씬 논리적인 체계를 갖추고 있다. 이에 비하여 연방의 「집회 및 시위에 관한 법률」은 보다 덜 체계적인 규율기술을 택하고 있다. 즉, 연방의 「집회 및 시위에 관한 법률」은 일정한 사항을 옥내집회에 관한 장(章)에 위치하도록 하고 —그것이 옥외집회에도 동일하게 적용될 수 있는 한도에서— 그를 옥외집회에 관한 장에 준용하는 방식을 취하고 있다(연방의 「집회 및 시위에 관한 법률」 제18조 제1항, 제19a조를 보라).

연방의 「집회 및 시위에 관한 법률」과 마찬가지로 바이에른 집회법 역시 형벌규정과 과태료규정에 관한 장(바이에른 집회법 제20조 내지 제23조) 및 종결규정(終結規定, Schlussbestimmungen)에 관한 장(바이에른 집회법 제23조 내지 제28조)을 갖고 있다. 또한 「바이에른 의사당(議事堂, Landtagsgebäude)의 평화에 관한 법률」로부터 옮겨 온 평화구역(Befriedeter Bezirk)에 관한 규정(바이에른 집회법 제17조 내지 제19조)이 동법에 삽입되어 있다.

|2| 총 칙

a) 바이에른 집회법 제2조 제1항의 집회의 개념

집회의 개념[1)]은 지금까지 법률에 규정되어 있지 않고 단지 판례를 통하여 형성되어 왔다. 그러나 바이에른 집회법 제2조 제1항은 연방헌법재판소가 취하여 왔던 집회의 개념에 따라 집회의 개념에 관한 입법적 정의를 내리고 있다.[2)] 더욱이 2人만으로도 집회를 형성할 수 있다는 것을 분명하게 하였다. 이러한 개념정의에 대하여는 "사적 영역에까지 국가가 감독을 행하려고 하는

1) 우리나라에서의 집회의 개념에 관한 논의에 대하여는 *서정범*, 「집회 및 시위에 관한 법률」상의 집회의 개념, 공법학연구, 제8권 제2호(2007), 375쪽 이하 참조(譯註).

2) BVerfGE 69, 315(343) = BayVBl. 1985, 623(Brokdorf)를 지적하고 있는 LT-Drucks, 15/10181, S.13. 또한 *BVerfG*, Beschl. v. 24.10. 2001, BVerfGE 104, 92(104) = BayVBl. 2002, 206; *BVerfG*, Entsch. v. 12.7.2001, BayVBl. 2001, 687; *BVerwG*, Urt. v. 16.5.2007, NVwZ 2007, 14311432); *BVerwG*, Urt. v. 22.8.2007, NVwZ 2007, 1434를 보라.

의도"라는 비판[3]이 있기는 하나, 그러한 비판은 타당하지 못하다고 생각한다. 즉, 바이에른 집회법 제2조 제1항을 자세히 고찰하여 보면 그러한 비판, 특히 앞으로는 2人 사이의 모든 만남이 집회로 평가받게 될 것이라는 지나친 우려는 전혀 근거가 없다는 것이 분명하게 될 것이다. 즉, 집회라고 하기 위하여는 공동의, 공적인 의사형성을 위한 토론이나 의사표현을 주된 목적으로 하여야 하기 때문에 다수인이 어떤 주제에 대하여 의견을 나누기 위하여 공개된 장소에서 만나는 것만으로는 집회의 개념을 충족시키지 못한다. 단지 집단 내부에서 상호간에 의견을 나누는 것이 아니라 집단으로서 공중에 대하여 의사를 표현함으로써 만난 다수인이 전체로서 공적인 의사형성에 참가하려고 할 때 비로소 집회가 존재하게 된다.[4]

따라서 공적으로 어떤 장소를 방문하는 것(öffentliche Begehungen)[5] 혹은 지역행사(Ortstermine)[6]는 일반적으로 집회가 아니다. 전단(傳單, Flugblätter)을 배포하거나 자신의 바람이 적힌 현수막을 설치함으로써 주의를 끌려고 하는 개개인 역시 마찬가지이다.[7] 또한 노동쟁의과정에서 행해지는 조치들(Arbeitskampfmaßnahmen) 역시 공개적인 의사형성을 목적으로 하는 것이 아니라 노동자들의 요구를 관철

---

3) Bayer. Staatszeitung, Nr.19/2008 v. 9.5.2008, S.1을 보라.

4) 2008.3.25의 녹색당 의원의 서면질의에 대한 2008. 6. 26.의 내무부 답변, LT-Drucks. 15/10994, S.2.

5) öffentliche Begehungen이란 단어가 갖는 의미는 독일의 인터넷 사이트(http://www.fulda.de/aktuelles/pressemitteilungen/newsarchiv/einzelansicht-archiv/ch/720489537b/article)를 통하여 이해하게 되었으며, 그를 토대로 '공적으로 어떤 장소를 방문하는 것'으로 번역하게 되었다. 아래의 사진이 이러한 이해에 많은 도움이 되었음을 밝혀둔다(譯註).

6) 예컨대 국가의 도로건설에 있어 도로의 노선에 관한 토론에 관하여는 2008. 3. 25.의 녹색당 의원의 서면질의 참조, LT-Drucks. 15/10994, S.1. Ortstermine는 일정한 지역의 사람들이 갖는 정기적 모임을 말하는데, 모임의 주제는 크리스마스트리용 나무의 판매나 음악회 등으로부터(이러한 예에 관하여는 http://www.eversberg.de/termine2008.html 참조) 지역적 현안에 대한 논의(도로의 노선 등)에 이르기까지 실로 다양하다. 또한 정기적인 모임이다보니 일정이나 주제를 지역주민들에게 알릴 필요가 있으므로 거의 예외 없이 인터넷상에 홈페이지를 갖고 있으며(http://www.mister-wong.de/tags/ortstermin 등 참조), 일정 등을 알리는 책자를 만들어 배포하기도 한다(이하의 사진 참조). 다만 이러한 의미를 정확히 전달할 용어가 없는 관계로 여기서는 일단 '지역행사'라고 번역하기로 한다(譯註).

ORTSTERMINE Hamburg ist eine Jahresveranstaltungsübersicht im Heftformat (DIN A 5).

Sie dient dazu, Eventverantwortlichen eine langfristige Planung ihrer eigenen Aktivitäten im Kontext parallel stattfindender Events zu ermöglichen. Die ORTSTERMINE erscheinen jeweils im Dezember und werden im Dezember/Januar an ca. 2.000 Adressen aus Eventbranche, Gastronomie, Industrie, Kultur und Behörden in Hamburg und

시키는 것을 목적으로 하므로 원칙적으로 집회가 아니다. 그러나 구체적인 경우에 있어서 노동자들이 단순한 노동쟁의과정에서 행해지는 조치들을 넘어서서 자신의 주장을 의식적으로 공중에게 전파하는 경우(예컨대 공중들로부터 자신들의 주장에 대한 호응을 얻어내기 위한 경우)에는 달리 판단될 수 있다.[8] 한편 바이에른 집회법 제2조 제1항에 사용되고 있는 "주된"(überwiegend)이라는 단어는 "Love-Parade"에 관한 연방헌법재판소의 판례[9]에 따른 것으로, 어떤 행사의 중점(重點, Schwerpunkt)이 그를 집회로 성격지우기 위한 결정적 기준이 된다.[10] 따라서 어떤 행사가 스포츠, 오락, 무

Umgebung per Post verschickt.

Die ORTSTERMINE sind zusätzlich Beilage im jährlich erscheinenden EventPlaner Hamburg und werden auf einschlägigen Messen am Jahresanfang verteilt (World of Events, STB etc).

Bei Einzelversand wird eine Schutzgebühr/Portopauschale von 3,00 EURO erhoben.

7) 내무부답변(Fn.4), LT-Drucks. 15/10994, S.2.

8) 내무부답변(Fn.4), LzT-Drucks. 15/10994, S.3.

9) *BVerfG*, Entschl. v. 12.7.2001, BayVBl. 2001, 687.

10) 오늘날의 대형집회들은 종교행사나 문화행사 혹은 촛불집회(촛불집회는 미군 장갑차량에 깔려 숨진 두 여자 중학생의 사인규명과 추모를 위해 2002년 11월 처음 열린 이래 우리나라의 대표적인 평화적 시위형태로 정착하였다고 할 수 있다) 형태의 추모행사의 이름을 빌려 행해지는 경우가 많은바, 이들은 그들이 표방하고 있는 외형만 놓고 보면 시원적(始原的)으로는 집회의 개념을 충족시키지 못하는 것이 된다. 왜냐하면 이들 행사들의 경우 집회의 개념의 중요한 징표인 공동의 의사형성과 의사표현이란 목적이 결여되어 있기 때문이다. 그러나 사실상 이들 행사의 진행과정을 보게 되면 상당수의 행사가 참가자들이 공동의 목적을 가지고 그들의 의사를 표출하고자 하며, 따라서 집회의 개념적 징표를 충족하고 있다고 볼 소지가 있음을 쉽게 인식할 수 있다. 이와 관련하여 이러한 행사를

도(舞蹈)를 그 주된 목적으로 하고, 의사의 형성은 단지 부수적인 부차적 목적에 불과한 경우라면, 그것은 집회가 아니다. 그 행사의 주된 목적이 상업적인 경우 역시 마찬가지이다. 한편 이들 행사처럼 집회의 개념을 충족시키지 못하는 행사에 대하여는 집회법이 적용되지 않게 되는바, 그렇게 되면 그들 행사에는 공물의 특별사용(Sondernutzung), 도로청소비용 및 교통법규준수 및 안전의무들에 관한 일반적 규정이 적용되게 된다. 또한 집회는 다수인의 회합(會合, Zusammenkunft)이 일정한 장소에서 이루어질 것을

집회로 볼 수 있는지가 문제되는바, 이 문제에 대하여 독일의 연방헌법재판소는 Love-Parade에 관한 사건에서 「Love-Parade와 같은 음악 또는 댄스축제는 그를 통한 의사표현이 대중축제 내지 국민적 축제로서의 전체 성격보다 더 중대한 것일 경우에는 집회의 개념에 포함될 수 있지만, 단순히 자신이 살아 있다는 존재감의 표출을 위한 것이거나 단지 오락을 목적으로 하는 경우라면 집회의 개념에 해당하지 않는다」고 하여 문화행사의 형식을 취하는 축제의 경우에도 일정한 요건하에 집회의 개념에 포함될 수 있음을 분명히 하고 있다(*BVerfG*, NJW 2001, 2459). 이처럼 독일의 연방헌법재판소는 그 행사의 중점이 어디에 놓여 있는지를 기준으로 집회성 여부를 판단하고 있는바, 이러한 점에 착안하여 역자(譯者)는 독일의 연방헌법재판소에 발전된 이 같은 이론을 중점이론(重點理論, Schwergewicht-theorie)이라고 부르고 있다. 다만 여기서의 중점이론이라는 용어는 전적으로 역자의 견해에 불과하며, 학문적으로 정립된 용어가 아님을 밝혀둔다. 아울러 중점이론이란 용어는 원래 경찰의 조치가 예방적 작용과 진압적 작용 중 어느 것을 목적으로 하는가를 판단함에 있어 전체적인 측면에서 보아 경찰조치의 중점이 어디에 놓여 있는지, 환언하면 그 조치의 목적 중 어느 것이 객관적으로 우선하는지를 기준으로 삼아야 한다는 것을 내용으로 하는 경찰법상의 용어에서 차용한 것임도 밝혀 둔다. 중점이론에 관하여 보다 자세한 것은 크네마이어, *서정범*(역), 경찰법 사례연습, BookPlus, 2006, 27쪽 이하, 173쪽 이하 참조(譯註).

그 전제로 한다. 따라서 예컨대 대화방(Chat-Room)과 같은 인터넷 공간상에서의 가상적 모임(virtuelle Versammlungen)은 집회의 개념적 요소를 충족시키지 못한다.[11]

다수인의 회합이 집회로 성격지워지게 되면, 그것은 일반 질서법, 경찰법, 도로교통법에 비하여 특권을 누리게 된다.[12] 따라서 예컨대 2-4인의 샌드위치맨(sandwich man)[13]이 쇼핑중심지구의 개업시간에 행인의 주의를 끌면서 도로를 사용하고자 한다면 ― 이 경우는 집회가 아니라 선전이 문제가 될 뿐이므로 ― 그것은 집회의 자유에 근거할 수는 없으며, 일반적으로 허가를 필요로 하는 특별사용이 존재할 뿐이다. 그리고 그러한 특별사용에 대하여는 관계 지방자치단체의 법에 따라서는 비용부담의 의무가 인정될 수 있다.[14] 이에 반하여 집회의 개념을 충족시키는 다수인의 회합은 비용부담의무가 없는바, 왜냐하면 그 경우에 있어서는 집회법의 규정이 우선하기 때문이다.

b) 바이에른 집회법 제2조 제3항에 따른 바이에른 집회법의 적용영역

연방의 「집회 및 시위에 관한 법률」은 동법이 비공개집회

---

11) LT-Drucks. 15/10181, S.13.

12) 내무부답변(Fn.4), LT-Drucks. 15/10994, S.2.

13) 샌드위치맨(sandwich man)이란 '간판을 가슴과 등에 달고 거리를 걸어다니며 가두광고를 하는 사람'을 말하는데, 1864년경 영국의 식료품 제조·판매회사인 립턴의 창립자인 T.J.립턴이 홍차판매를 할 때 인도인 복장을 한 샌드위치맨을 사용하여 유행되기 시작하였다고 한다(http://100.naver.com/100.nhn?docid=88084: 최종검색, 2010년 7월 5일)(譯註).

14) 내무부답변(Fn.4), LT-Drucks. 15/10994, S.3.

에도 적용되는지 여부 혹은 일반 경찰- 질서법이 어느 정도까지 적용되는지 여부의 문제에 대하여는 규율하지 않고 있었다. 이에 반하여 바이에른 집회법은 제2조 제3항에서 다른 특별한 규정이 없는 한 동법은 원칙적으로 단지 공개집회에 대하여만 적용된다는 것을 분명히 하고 있다(바이에른 집회법 제2조 제3항). 이처럼 동법이 적용범위를 공개집회에 국한시키고 있는 이유는 비공개집회는 그의 폐쇄성으로 인하여 공적인 의사형성에 있어 공개집회와 같은 정도의 의미를 갖지 못한다는 것에서 찾을 수 있다: 비공개집회는 장소적으로 폐쇄성을 띠고 있을 뿐만 아니라 참가범위가 특정한 인적 범위에 국한되고 원칙적으로 외부효(外部效, Außenwirkung)가 결여되어 있으므로 일반적으로 비공개집회로부터는 특별한 위험이 발생하지도 않고, 특별한 위험이 발생할 염려도 없다.[15] 단지 명시적으로 다른 규정이 있는 경우에 한하여 몇몇 규정은 비공개집회에도 적용되는바, 예컨대 유니폼착용금지와 군사적 행위의 금지(바이에른 집회법 제7조) 혹은 질서문란행위금지와 선동금지(바이에른 집회법 제8조) 등이 그러하다. 바이에른 집회법 제2조 제2항에 따르면 공개집회란 집회에의 참가가 개별적으로 확정된 인적 범위에 국한되지 않는 집회를 말한다. 비공개집회에도 적용되는 집회의 자유가 갖고 있는 파급효(波及效, Ausstrahlungswirkung)가 고려되는 한도에서는 원칙적으로 일반 경찰-질서법 또한 상당한 결론에 달하게 된다.[16]

15) LT-Drucks. 15/10181, S.13.

16) LT-Drucks, 15/10181, S.13.

c) 집회의 주관, 바이에른 집회법 제3조

옥내집회에 대하여만 직접적으로 적용되고, 옥외집회에 대하여서는 연방 「집회 및 시위에 관한 법률」 제18조 제1항의 준용규정에 의하여 간접적으로 적용되는 연방 「집회 및 시위에 관한 법률」 제7조와 마찬가지로, 바이에른 집회법 제3조 제1항 제1문 또한 모든 집회에는 자연인(自然人, natürliche Person)인 주관자(主管者, Leiter)가 있어야 함을 규정하고 있다. 바이에른 집회법 제3조 제1항 제2문은 연방 「집회 및 시위에 관한 법률」 제7조와 달리 이러한 요구는 우발적 집회에는 적용되지 아니한다는 것을 규정하고 있다. 여기서 우발적 집회란 집회가 그 직접적 동기에 있어 무계획적으로, 그리고 주최자 없이 이루어지는 경우를 말한다(바이에른 집회법 제13조 제4항에 규정된 입법적 정의 또한 그러하다). 우발적 집회의 경우 연방 「집회 및 시위에 관한 법률」 제14조 제1항(및 바이에른 집회법 제13조 제1항)에도 불구하고 신고 없이 행하여질 수 있어야만 하는바, 이러한 결론은 독일기본법 제8조 제1항으로부터 도출되는 것으로 연방헌법재판소는 Brokdorf 결정에서 이를 명시적으로 강조한 바 있다.[17] 우발적 집회의 경우에도 주관자가 사전에 결정되어야 할 것을 요구하는 것은 우발적 집회에 대하여도 헌법적 보호가 보장되어야 한다는 것과 부합하지 않는다. 연방 「집회 및 시위에 관한 법률」과 달리 바이에른 집회법 제3조 제3항은 집회의 공고 혹은 집회에의 초청에는 시간, 장소, 목적 및 주최자의 성명을 밝힐 것을 규정하고 있다. 이 규정의 목적은 공개집회의 중요한 사항을 공중에게 알리는 것에 있는바, 이를 통하여 비관여인(非關與人, Unbeteiligte)은 집회에 참가할 것인지 여부

17) BVerfGE 69, 315(350) = BayVBl. 1985, 623(Brokdorf).

를 결정할 수 있게 된다.[18] 정부안(政府案, Regierungsentwurf)[19]과 달리 바이에른 집회법 제3조 제3항은 집회의 공고나 집회에의 초청이 공개적으로 행하여져야만 할 것을 규정하고 있지는 않으므로[20] 은밀한 방식에 의한 초청(예컨대 특정한 인적 범위 내에 있는 자들에 대하여 전화망을 통한 초청)도 행해질 수 있다.

d) 주최자의 의무와 참가자의 의무, 바이에른 집회법 제4조와 제5조

바이에른 집회법은 총칙에서 주최자의 의무(바이에른 집회법 제4조) 및 참가자의 의무(바이에른 집회법 제5조)를 규정하고 있다. 이를 통하여 바이에른 집회법은 근본적으로는 연방의 「집회 및 시위에 관한 법률」을 받아들이고 있으나, 부분적으로는 보다 상세한 규율을 행하고 있다. 바이에른 집회법 제4조는 지금까지 연방의 「집회 및 시위에 관한 법률」 제8조, 제9조와 제12조에 규정되어 있던 집회주관의 책무와 권한을 하나의 조문에 규정하고, 그를 체계적으로 총칙에 두고 있다. 더욱이 바이에른 집회법 제4조 제1항은 주최자(主催者, Veranstalter)에게 평화적으로 집회를 진행시킬 의무를 부과하고 있다. 이처럼 평화적으로 집회를 진행시킬 의무를 주관자가 아니라 주최자에게 부과하고 있는 것은 타당하다고 할 수 있는바, 왜냐하면 집회의 주최자와 주관자가 동일인이어야만 하는 것은 아니며(바이에른 집회법 제3조 제2항 제3문 참조), 주관자는 집회가 개시됨으로써 비로소 자신의 권한을 행사

18) 내무부(Fn.4), LT-Drucks. 15/10994, S.2; 이에 대한 다수의 사회민주당(SPD)의원들의 개정신청에 대하여는 LT-Drucks. 15/10669, S.4를 보라.

19) LT-Drucks, 15/10181, S.6.

20) 이에 관하여는 LT-Drucks, 15/10812, S.3을 보라.

할 수 있기 때문이다. 따라서 집회의 주최자는 집회의 개최 전에[21] 집회의 평화적 진행을 보장하기 위하여 자신이 할 수 있는 모든 것을 다하여야만 한다. 이를 위하여 주최자는 폭력행위를 자제할 것을 명령하거나, 집회를 연기할 수 있으며, 심지어 최후의 수단으로 집회를 취소할 수도 있다.[22]

바이에른 집회법 제5조는 집회참가자의 의무에 관한 연방의 「집회 및 시위에 관한 법률」 제10조, 제11조, 제13조 제2항의 규율내용을 하나의 조문에 규정하고, 체계적으로 바이에른 집회법의 총칙에 위치하고 있다. 그에 따르면 집회참가자는 주관자 혹은 질서유지인의 집회의 진행이나 질서유지를 위한 지시에 따라야 한다(바이에른 집회법 제5조 제1항, vgl. 지금까지는 연방의 「집회 및 시위에 관한 법률」 제10조). 질서유지를 위하여 주관자 혹은 질서유지인(秩序維持人, Ordner)이 발하는 지시는 집회에서의 참가자의 행위에 관한 것이야 한다. 즉, 그것은 질서, 따라서 집회의 외적인 진행에 관계된 것이어야 한다. 반대의 견해는 집회에서의 토론을 생동감 있게 만들 수 있으며, 따라서 그것이 바이에른 집회법 제8조에서 말하는 집회의 질서를 문란케 하는 것이 아닌 한 바이에른 집회법 제5조 제1항에 의하여 중지되어서는 아니 된다.[23] 집회로부터 배제결정을 받은 자는 지체 없이 집회장소로부터

---

21) 독일어 원문인 im Vorfeld der Versammlung을 직역하면 '집회의 전단계(前段階)에서'가 되겠지만, 통상적으로 집회와 관련된 각종 조치를 서술함에 있어 집회의 개최 전과 집희의 개최 후(즉 집회의 진행)로 나누어 설명하는 것을 고려하여 여기서는 이를 '집회의 개최 전'이라고 번역하기로 한다(譯註).

22) LT-Drucks, 15/10181, S.14.

23) BVerfGE 84, 203(209)를 참조하고 있는 LT-Drucks, 15/10181, S.14.

떠나야 한다. 바이에른 집회법 제5조 제2항에 규정되어 있는 이 내용은 연방의 「집회 및 시위에 관한 법률」 제11조를 포괄적으로 받아들인 것이기는 하지만, 명확성의 원칙(Bestimmtheitsgrundsatz)이라는 관점에서 그를 보다 상세하게 규정한 것이다. 즉, 지금까지 연방의 「집회 및 시위에 관한 법률」 제11조가 집회로부터 배제결정을 받은 자는 '곧'(sofort) 집회장소로부터 떠나야 할 의무가 있음을 규정하고 있었던 것에 반하여 바이에른 집회법 제5조 제2항은 '지체 없이'(unverzüglich) 집회장소로부터 떠나야 할 의무를 규정하고 있다. 이는 독일민법(Bürgerliches Gesetzbuch, BGB) 제121조의 법사상에 따를 때 관계인은 '고의적으로 머뭇거림이 없이'(ohne schuldhaft Zögern) 집회장소로부터 떠나야 한다는 것을 의미한다.[24] 집회의 질서를 문란케 하는 자를 집회로부터의 배제하는 결정을 행할 권한은 옥내집회의 경우에는 바이에른 집회법 제11조 제1항에 따라 주관자가, 옥외집회의 경우에는 바이에른 집회법 제15조 제4항에 따라 권한 있는 행정청이 갖는다.

집회가 해산명령을 받았을 때에는 바이에른 집회법 제5조 제

24) 독일민법 제121조 제1문은 「제119조 제120조의 경우 취소권자는 취소의 원인을 알게 된 때에는 '지체 없이' 취소하여야 한다」고 규정하고 있는바, 법문 자체에 '지체 없이'에 해당하는 부분을 ohne schuldhaftes Zögern(unverzüglich)로 표현하고 있다. 그리고 이를 고려하면 결국 'ohne schuldhaftes Zögern'와 'unverzüglich'는 사실상 양자 모두 '지체 없이'라는 의미를 갖는 동의어(同義語)로 볼 수 있을 것이다. 다만 Scheidler 박사가 원문에서 'unverzüglich'가 'ohne schuldhaftes Zögern'를 의미하는 것이라고 서술하고 있음을 고려할 때, 이를 모두 '지체 없이'라고 번역하는 것은 문제가 있다고 생각되어 'ohne schuldhaftes Zögern'를 단어의미에 충실하게 '고의적으로 머뭇거림이 없이'라고 직역하는 방식을 택하기로 하였다(譯註).

3항에 따라 모든 참가자는 지체 없이(unverzüglich) 해산하여야 한다[지금까지의 연방의 「집회 및 시위에 관한 법률」 제13조 제2항은 '곧'(sofort) 해산하여야 할 의무를 규정하고 있다]. 해산명령은 행정행위를 통하여 집회를 종료시키는 것으로, 해산명령이 있게 되면 집회는 더 이상 독일기본법 제8조 제1항과 바이에른 헌법 제113조에 따른 보호를 받지 못하게 된다. 해산명령을 통하여 집회는 단순한 군집(群集, Ansammlung)[25)]으로 변하게 되며, 일반경찰

25) 집회는 종래 "어떠한 사항에 관하여 토론을 하거나 의사를 표현하려는 '공동의 목적'을 가진 다수의 자연인의 일정한 장소에서의 일시적 회합"이라고 정의되어 왔다. 그리고 이처럼 집회의 개념적 징표의 하나로 '공동의 목적'이 열거되는 점을 고려할 때 함께 모인 사람들의 공동의 의사가 결여되어 있는 다수인의 우연한 집합은 집회의 개념에서 제외되는바, 그와 같은 우연한 다수인의 집합, 예컨대 교통사고현장에 운집한 호기심 많은 사람들의 집합을 군집(群集, Ansammlung)이라고 한다. 독일의 집회법 교과서들이 집회와 군집의 차이를 설명하면서 "집회(Versammlung)는 군집(Ansammlung) 이상의 그 무엇이다"라고 표현하고 있는 것은 이러한 점에 착안하고 있는 것이라고 할 수 있다. 한편 실정법적으로 집회와 군집을 명확히 구분하여 규정하고 있는 대표적 국가로는 독일을 들 수 있는바, 독일은 집회에 대해서는 (연방의 경우) 「집회 및 시위에 관한 법률」(Gesetz über Versammlungen und Aufzüge, VersG)에서 규율을 하고 있는 반면, 군집에 대해서는 질서위반법(Gesetz über Ordnungswidrigkeiten, OWiG) 제113조에서 별도로 규정하고 있는 것이다. 참고로 독일의 질서위반법 제113조를 전재하면 다음과 같다. 「① 공개적인 군집에 참여하거나 공권력주체의 3회에 걸친 적법한 해산명령에도 불구하고 해산하지 않는 자는 질서위반행위를 한 것이다(Ordnungswidrig handelt, wer sich einer öffentlichen Ansammlung anschließt oder sich nicht aus ihr entfernt, obwohl ein Träger von Hoheitsbefugnissen die Menge dreimal rechtmäßig aufgefordert hat, auseinanderzugehen). ③ 이러한 질서위반행위에 대하여는 1000유로 이하의 과태료가 부과될 수 있다(Die Ordnungswidrigkeit kann in den Fällen des Absatzes

법의 규율을 받게 된다.[26)]

e) 무기의 금지, 유니폼착용금지, 군사적 행위의 금지

aa) 무기의 금지, 바이에른 집회법 제6조

바이에른 집회법 제6조에 따르면 무기, 그 성질상 타인을 해하거나 물건에 손상을 가져오기에 적합한 물건 혹은 상황에 따라 타인을 해하거나 물건에 손상을 가져올 수 있는 물건은 권한 있는 행정청의 허가 없이 집회에서 소지하거나 집회장소로 가는 도중에 소지하거나 운반하거나 집회에서 사용하기 위하여 준비하거나 배부하는 것이 금지된다. 지금까지 연방의 「집회 및 시위에 관한 법률」제2조 제3항에 규정되어 있었던 이러한 무기의 금지(Waffenverbot)조항에 의하여 독일기본법 제8조 제1항과 바이에른 헌법 제113조에 규정되어 있던 무장금지{武裝禁止, Bewaffnungsverbot, 즉, '무기 없이'(ohne Waffe) 혹은 '무장하지 않고'(unbewaffnet)}의 사상이 구체화되었다. 이러한 금지를 무시한다는 것은 잠재적인 비평화성을 의미하며, 따라서 그것은 집회의 자유의 보호영역 밖에 놓여져 있는 행위가 된다는 것을 의미한다. 한편 무기금지는 집회의 참가자에 대하여서만 적용되는 것이 아니라 집회의 주관자와 질서유지인에게도 적용된다.[27)] 이러한 금지를 위반하는 것은 바이에른 집회법 제20조 제1항 제1호의 구성요건을 충족시키는 것이 된다.

---

1 mit einer Geldbuße bis zu eintausend Euro … geahndet werden)」.

26) LT-Drucks, 15/10181, S.15.

27) LT-Drucks, 15/10181, S.15.

bb) 유니폼착용금지, 바이에른 집회법 제7조 제1항

유니폼착용금지(Uniformierungsverbot)는 이미 연방의 「집회 및 시위에 관한 법률」 제3조에 의하여 규율되어 왔다. 그러나 바이에른 집회법은 그에 대한 약간의 제한을 가하여 '유니폼착용이 위협적 효과(einschüchternde Wirkung)를 가져오는 한도에서만' 그를 금지시키고 있다. 따라서 바이에른 집회법의 규정은 연방의 「집회 및 시위에 관한 법률」 제3조에 따른 유니폼착용금지와 비교하여 볼 때 유니폼착용금지를 완화시키는 면이 있으며, 평화적 집회의 주최자는 이를 환영하고 있다.

유니폼착용을 금지시키기 위한 전제조건으로 유니폼착용 이외에 부가적으로 그것이 위협적 효과를 가져와야 할 것을 요구하는 이유는 동일한 의복을 착용하는 것은 준군사적(準軍事的, quasi-militärisch) 조직과 폭력적 성향을 나타내는 것과는 사회적 의미가 다를 수 있다는 것을 고려한 것이다. 어떤 사회집단이 집회에서 외적인, 인식가능성에 기여하는 수단 ― 동일한 의복 ― 을 통하여 그들의 동질성을 나타내거나 단지 다수인이 그들과 같은 관심을 갖고 있음을 강조하려고 한다면, 그것은 정당하다. 위협적 효과가 없다면 유니폼착용은 금지되지 않는다.[28] 유니폼착용금지조항에 대해 비판적인 사람들, 특히 노동조합의 시위(Gewerkschafts-demonstration)의 참가자들이 동일한 배지를 착용하는 것만으로는 더 이상 그들의 소속을 나타낼 수 없게 될 것을 두려워하는 노동조합의 대표들은 바로 이 점을 간과하고 있다.[29] 위협적 효과는 단순한 어떤 요구에 대한 인상 그 이상의 것, 즉 준군사적 조직

28) LT-Drucks, 15/10181, S.15.

29) Bayer. Staatszeitung Nr. 19/2008 v. 9.5.2008, S.1을 보라.

이나 폭력적 성향을 나타내는 것을 전제조건으로 한다.[30] 그들의 요구를 환기시키고 이를 도로상에서의 압력(Druck von der Straße)을 통하여 관철시키고자 하는 노동조합의 시위는 그로 인하여 그들이 폭력적이라는 인상을 가져오지 않는다; 따라서 집회의 참가자들은 동일한 형태의 의복을 착용함으로써 그들의 공통된 신념을 표현할 수 있다. 유니폼착용금지를 위반하는 것은 바이에른 집회법 제20조 제2항 제2호의 구성요건을 충족시키는 것이 된다.

집회와 무관하게 유니폼을 착용하는 것은 그것이 집회와 아무런 관련이 없음에도 불구하고 지금까지는 연방의 「집회 및 시위에 관한 법률」 제3조와 제28조에 의하여 규율되어 왔다. 바이에른 집회법 제27조 제2항 제3호는 바이에른의 법체계에 상응하여 집회와 무관한 공중 속에서의 유니폼착용금지를 집회법에서 제외시키고, 새로이 정치적 신념의 표현으로서 유니폼, 유니폼의 일부, 동일한 모양의 의복을 착용하는 것이 위협적 효과를 갖는 경우에 과태료로 처벌하도록 하는 「란트형법과 집행법」(Landesstraf- und Verordnungsgesetz, LStVG) 제23a조를 신설하였다. 집회에서의 유니폼착용금지와 달리 「란트형법과 집행법」은 '공동의' 정치적 신념이라는 징표(Merkmal)를 포기하였다. 이는 「란트형법과 집행법」은 한 사람이 예컨대 나치시대의 군복(Wehrmachtsuniform)을 착용하는 것도 금지한다는 것을 분명히 한 것이다. 이에 반하여 집회법은 공동의 정치적 신념을 그 전제조건으로 하는바, 그 이유는 집회가 필연적으로 다수인의 회합이어야 한다는 것에서 찾을 수 있다.[31]

---

30) LT-Drucks, 15/10182, S.3.

31) LT-Drucks, 15/10182, S.3.

cc) 군사적 행위의 금지, 바이에른 집회법 제7조 제2항

바이에른 집회법 제7조 제2항에 따르면 집회가 의관상 준군사적(paramilitärisch)으로 각인되거나 폭력적 행위로 나아가려는 인상을 갖게 하고, 그로 인하여 위협적 효과를 가져오게 하는 형태로 집회에 참가하는 것은 금지된다. 동 조항에 따른 군사적 행위의 금지(Militanzverbot)는 무기의 금지나 유니폼착용금지의 경우와 달리 지금까지는 법률에 의하여 명문으로 규율되지는 않았었다. 바이에른 집회법 제7조 제2항은 집회에서의 유니폼착용만이 준군사적 혹은 폭력적 행위로 나아가려는 인상을 가져오는 것이 아니라 그 밖의 다른 행위형식, 예컨대 북을 두드리는 것, 대형(隊形)을 이루어 행진하거나 동보(同步, Gleichschritt)로 행진하는 것, 깃발이나 횃불 혹은 휘장을 휴대하는 것 또한 그러한 인상을 불러일으킬 수 있다는 사정을 고려한 것이다. 입법자는 군사적 행위의 금지를 통하여 극단적 집단의 집회를 규율하려고 하였다. 이러한 극단적 집단의 집회에는 전술한 행위형식을 통하여 종종 바이마르 공화국말기까지 행해졌던 나치스 돌격대 연합(SA[32]-Verbände)의 퍼레이드의 전통을 계승하고 있는 극우주의자들의 집회뿐만 아니라 일반적으로 호전적 좌익집단(militante Autonome)이 소위 흑색집단(sog. Schwarzblock)[33]과 결합하는 극좌주의자들의 집회가 있다.[34] 이러한

---

32) SA는 Strumabteilung의 약어(略語)로 보통 나치스 돌격대라고 번역되고 있다. SA는 1921년 나치스 대중집회의 경호원 모임이 조직화된 단체로서 반(反) 나치스 세력에 대한 실력 행사와 나치즘을 선전하는 중심체 역할을 하였으며, 당(黨)대회 보호/나치스 대회에서 행진/정적(政敵) 공격 등을 그 주된 임무로 하였다(譯註).

33) 여기서 흑색집단(sog. Schwarzer Block)이라고 함은 통일된 의복을 갖추어 입고, 복면을 하는 것을 통하여 폭력으로 나아갈 준비가 되어 있음을 분명히 나타내고 있는 시위대 내부의 집단을 말하는바, 이에 관하여 자세한 것은 vgl. *Rupprecht*(Hrsg.), Polizei Lexikon,

호전적 행위는 전투를 암시하고, 공격적 성향을 자극하는 효과와 위협적 효과를 얻고자 한다. 그것은 외부인에게는 전투준비에 대한 인상을 가져온다. 폭력을 암시하는 행위를 통하여 호전적 인상을 내보이는 그러한 집회들은 독일기본법 제8조 제1항과 바이에른헌법 제113조가 요구하는 집회의 평화성에 반하며, 집회의 자유의 보호영역 밖에 놓이게 된다.[35] 바이에른 집회법 제7조 제2항의 군사적 행위의 금지를 통하여 입법자는 「집회의 진행방식, 즉 폭력적 시위와 잠재적인 폭력성의 분위기를 낳는 집회참가자의 공격적이고 선동적이며 시민을 위협하는 행위는 집회의 제한 혹은 금지를 정당화시킨다」는 연방헌법재판소의 판례[36]를 따르고 있다.

군사적 행위의 금지는 집회의 외적 양상, 즉 집회참가자의 행위로부터 나오는 위협적 효과(Einschüchterungseffekt)를 그 전제조건으로 하는 것이지 집회에서 표출되는, 경우에 따라서는 선동적이거나 공격적이라고 느낄 수 있는 의사의 내용으로부터 나오는 위협적 효과를 전제조건으로 하는 것이 아니다. 즉, 군사적 행위의 금지는 공개집회에서의 의사표현의 형식과 관련된 것이지 의사표현의 내용과 관련된 것이 아니다.[37] 따라서 집회법이 집회를 통하여 표출되는 의사의 내용과 관련하여서는 극단적인 입장에

2.Aufl., 1995, 472(譯註).

34) LT-Drucks, 15/10181, S.15; vgl. *Scheidler*, BayVBl. 2005, 453.

35) LT-Drucks, 15/10181, S.15.

36) *BVerfG*, Beschl. v. 23.6.2004, NJW 2004, 2814(2815); *BVerfG*, Beschl. v. 5.9.2003, NVwZ 2004, 90(91); 또한 *Scheidler*, BayVBl. 2005, 453(455)를 보라.

37) LT-Drucks, 15/10181, S.15.

대하여서도 중립을 지켜야만 한다는 것은 변함이 없다. 왜냐하면 기본법은 법치국가를 경시하는 자들에 대하여서도 ―그들이 방어적 민주주의(防禦的 民主主義, wehrhafte Demokratie)에 부합하지 않는 방식으로 법치국가에 대항하지 않는 한― 법치국가원리에 따른 보장을 허여하고 있기 때문이다.[38]

그 외형에 있어 매우 종종 그리고 의식적으로 제3제국(Das dritte Reich)[39] 시대에 나치주의자들의 행진을 모델로 삼고 있는[40] 극우주의자들의 집회형식을 연방헌법재판소는 지금까지 공공의 질서(öffentliche Ordnung)에 대한 장해라고 평가하여 왔으며, 이러한 집회로 인한 문제는 일반적으로 부담(負擔, Auflage)[41]을 부가함

---

38) Vgl. *BVerfG,* Beschl. v. 26.1.2006, BayVBl. 2006, 348; *BVerfG,* Beschl. v. 24.3.2001, BayVBl. 2001, 624; *Poscher*, NJW 2005, 1316; *Hoffmann-Riem*, NJW 2004, 2777; *Leist,* Versammlungsrecht und Rechtextremismus(2003), S.94ff.; 이에 대해 비판적인 것으로는 *Scheidler,* BayVBl. 2005, 453(455); *Battis/Grigoleit,* NJW 2001, 121(128); *OVG Münster*, Beschl. v. 23.2.2001, NJW 2001, 2111; *OVG Münster*, Beschl. v. 12.4.2001, NJW 2001, 2113.

39) 제3제국((Das dritte Reich)이란 히틀러가 권력을 장악한 시기의 독일제국(1934~1945)을 일컫는 말이다. 독일의 경우 제3제국 이전에 제정(帝政)을 2번 편 적이 있는바, 이로부터 제3제국이란 명칭이 나오게 되었다. 한편 첫 번째 독일제국은 신성르마제국(神聖로마帝國, Heiliges Rmisches Reich)으로 962년에 오토 1세가 황제로 대관한 때로부터 프란츠 2세까지 독일의 국가원수가 황제 칭호를 가졌던 시기의 독일제국을 말한다. 또한 두 번째의 독일제국은 비스마르크의 독일통일에 의해 성립된 제국을 말하는바, 이 시기의 제국의 정식명칭은 독일제국(獨逸帝國, Deutsches Reich)이다(譯註).

40) Vgl. 또한 LT-Drucks, 15/5011, S.1.

41) 특별히 극우주의자들의 집회에 붙여진 부담에 관하여는 *Leist* (Fn.38), S.271ff.; *ders.*, NVwZ 2003, 1300을 보라.

으로써 해결하여 왔다.[42] 공공의 질서의 개념에 있어 특징적인 것은 그것이 그때 그때의 지배적인, 그리고 기본법상의 가치척도와 합치하는 윤리관이나 가치관에 따를 때 그를 준수하는 것이 특정한 지역 내에서 인간의 원만한 공동생활을 위한 불가결의 전제조건이라고 간주되는 불문규율(不文規律, ungeschriebene Regelung)을 의미한다는 것이다.[43] 바이에른 집회법은 군사적 행위의 금지를 성문법질서(成文法秩序, geschriebene Rechtsordnung)의 구성부분으로 만듦으로써, 그 한도에서 판례법이 성문법으로 전화되었다. 따라서 군사적 행위의 금지에 대한 위반은 더 이상 공공의 질서에 대한 위반이 아니라 공공의 안녕(öffentliche Sicherheit)에 대한 위반이 되게 되었다.[44] 여기서 공공의 안녕이란 생명, 건강, 자유, 명예, 재산과 같은 중요한 법익에 대한 보호 및 법질서와 국가제도의 불가침성을 의미한다.[45] 따라서 군사적 행위의 금지에 위반할 염려가 있다면 공공의 안녕에 대한 직접적 위험(unmittelbare Gefahr)[46]을 야기하는 것이 되고, 그것은 바이에른 집회법 제15조

---

42) *BVerfG*, Beschl. v. 24.3.2001, BayVBl. 2001, 624; *BVerfG*, Beschl. v. 14.8.2003, NJW 2003, 3689(3690); *BVerfG*, Beschl. v. 5.9.2003, NVwZ 2004, 90(91); *BVerfG,* Beschl. v. 23.6.2004, NJW 2004, 2814(2815f.).

43) 연방헌법재판소가 이미 Brokdorf 결정에서(Brokdorf-Beschluss, v. 14.5.1985, BVerfGE 69, 315(350) = BayVBl. 1985, 623) 이러한 입장을 취한바 있으며, 그 이후의 수많은 판결, 예컨대 *BVerfG*, Beschl. v. 23.6.2004, NJW 2004, 2814(2815)도 마찬가지이다, 또한 *Leist*(Fn.3), S.233ff.; *Scheidler*, BayVBl. 2005, 453(454)를 보라.

44) LT-Drucks, 15/10181, S.16.

45) 근본적 내용에 관하여는 다시 vgl. Brokdorf-Beschluss, v. 14.5. 1985, BVerfGE 69, 315(352) = BayVBl. 1985, 623; 또한 *Leist*(Fn.38), S.148ff.; *Scheidler*, BayVBl. 2005, 453(454)를 보라.

46) 일반적으로 경찰법에서 위험이란 「실제로 혹은 사전적 관점에서

제1항에 따른 제한적 처분을 행하는 것을 가능케 한다. 그러나 집회의 자유가 갖는 헌법적 중요성에 근거할 때, 집회 자체를 금지시키는 것은 일반적으로 비례의 원칙을 고려할 때 허용되기 곤란하다. 왜냐하면 집회의 평화성이라는 요청이 위협을 받는 경우에도 대부분 그에 알맞은 부담(예컨대 동보(同步)로 행진하거나 검은 깃발을 드는 것을 금지하는 것)을 과함으로써 충분히 그에 대처할 수 있기 때문이다.[47] 군사적 행위의 금지에 위반하는 집회에 참가하는 것은 바이에른 집회법 제21조 제7호에 따른 질서위반행위를 구성한다.

경찰공무원의 합리적 판단에 따를 때 현재의 상황을 방치하게 되면 가까운 장래에 손해가 발생할 충분한 개연성이 있는 상태」를 말한다. 그런데 독일의 경우 실정법상 어떤 특정한 조치를 취하기 위한 전제조건으로 전술한 일반적인 위험의 개념보다 한층 '강화된 위험'(qualifizierte Gefahr)을 규정하고 있는 경우가 많은바, 연방「집회 및 시위에 관한 법률」 제15조 제1항 등에서 사용되고 있는 '직접적 위험'이 이에 해당한다. 여기서 직접적 위험이란「손상을 가하는 사건이 이미 발생했거나 가까운 장래에 그러한 사건이 곧 발생할 개연성이 확실한 상황」을 말하는 것으로 '현재의 위험'(gegenwärtige Gefahr)과 거의 동일한 의미로 사용되고 있다. 한편 '강화된 위험'의 유형은 실로 다양한바, 그 대표적 예로는 현저한 위험(연방「집회 및 시위에 관한 법률」 제12a조 제1항), 급박한 위험(dringende Gefahr, 독일기본법 제13조 참조), 직접적 위험(unmittelbare Gefahr), 연방「집회 및 시위에 관한 법률」 제15조 제1항), 현재의 위험(gegenwärtige Gefahr, 니이더작센「공공의 안녕과 질서에 관한 법률」 제2조 제1호 b), 공공의 위험(gemeine Gefahr, 독일기본법 제13조 제3항), 임박한 위험(Gefahr im Verzug, 헤센 사회행정법 제39조 제1항) 등을 들 수 있다. 한편 이러한 강화된 위험의 유형 및 그 내용에 관하여 보다 자세한 것은 vgl. *Schoch*, Grundfälle zum Polizei- und Ordnungsrcht, JuS 1994, 667ff.(譯註).

47) LT-Drucks, 15/10181, S.16.

f) 자료수집 및 촬영과 촬영물의 저장, 바이에른 집회법 제9조

집회의 자유는 내적인 집회의 자유뿐만 아니라 집회참가자들이 자신들이 국가의 무제한적인 감시를 받게 된다는 것에 대한 아무런 두려움 없이 자신들의 기본권(즉, 집회의 자유)를 행사할 것을 결정할 수 있는 자유를 포함한다.[48] 따라서 국가, 즉 경찰은 아무런 제한 없이 집회참가자들에 대한 정보를 수집하고, 녹화나 녹음 및 그의 저장을 행할 수 있는 것이 아니라, 일정한 조건이 충족되는 것을 조건으로 하여서만 그를 행할 수 있다. 바이에른의 집회법 제9조는 그러한 조건을 규정하고 있는바, 그것은 옥내집회(屋內集會, Versammlungen in geschlossenen Räumen)에 적용되는 독일의 연방「집회 및 시위에 관한 법률」제12a조의 규정을 그대로 받아들인 것이다. 한편 독일의 연방「집회 및 시위에 관한 법률」제12a조의 규정은 동법 제19a조의 준용규정에 의하여 옥외집회(屋外集會, Versammlungen unter freiem Himmel)에도 적용된다.

바이에른 집회법 제9조는 'Übersichtsaufnahmen'과 'Übersichtsaufzeichnungen'을 구분하고 있다. 이 경우 'Übersichtsaufnahmen'는 조망촬영(眺望撮影)을 의미하며, 'Übersichtsaufzeichnungen'는 '조망촬영과 조망촬영된 촬영물의 저장'을 포함하는 개념이다. 즉, Aufzeichnungen은 단순히 실시간으로 촬영・녹음하는 것을 넘어서서 촬영・녹음된 것을 저장하는 것을 포함한다.[49] 따라서 그것은 바이에른 집회법 제9조 제1항 제1문에 따를 때 집회참가자들로부터 공공의 안녕 혹은 질서에 대한 '현저한 위험'(erhebliche Gefahr)[50]이

48) LT-Drucks, 15/10181, S.16.

49) LT-Drucks, 15/10181, S.17.

50) 현저한 위험 역시 전술한 강화된 위험에 해당하는바(Fn.46 참조),

발생할 것이라고 인정할 수 있는 실질적 근거가 있는 경우에 한하여 허용된다.

경찰은 경찰력의 투입을 유도하고 지휘하기 위하여 집회장소와 그 주변에 대하여 조망촬영을 행할 수 있다(바이에른 집회법 제9조 제2항 제1문). 즉, 경찰은 예컨대 경찰의 지휘본부에 '현장화면(Live-Bilder)을 생중계할 수 있다.[51] 조망촬영의 경우에는 Aufzeichnung의 경우와 달리 저장을 할 수 없으며, 따라서 촬영물을 저장하는 것보다 '정보의 자기결정권'(Das Recht auf informationelle Selbstbestimmung)[52]이나 집회의 자유와 같은 기본권을 침해하는 측면이 적다. 따라서 경찰이 조망촬영을 하기 위한 요건은 Aufzeichnung의 경우보다 덜 엄격하다. 따라서 조망촬영은 경찰력의 투입을 지휘하

일반적으로 현저한 위험이란 중대한 법익(예: 국가의 존속, 생명, 건강, 자유, 재산적 가치가 매우 높은 물건 등)에 대한 위협을 의미하는 것으로 이해되고 있다(Vgl. *Schoch*, Polizei- und Ordnungsrecht, in: *Schmidt-Aßmann/Schoch*, Besonderes Verwaltungsrecht, 14.Aufl., 2008, Rn.100; *Denninger*, Polizeiaufgaben, in: *Lisken/Denninger*, Handbuch des Polizeirechts, 4.Aufl., 2007, Rn.61 usw). 한편 독일의 경우 여기서의 현저한 위험에 관하여 입법적 정의를 내리고 있는 법률도 있는바, 그 대표적 예로는 브레멘 경찰법 제2조 제3호 c 등을 들 수 있다(譯註).

51) Vgl. LT-Drucks, 15/10182, S.3.

52) 정보의 자기결정권은 독일연방헌법재판소의 인구조사판결(Volkszählungsurteil)을 통하여 정립되었으며, "개인은 원칙적으로 자기개인정보의 이용과 제공에 대하여 스스로 결정할 권한이 있다"는 것을 그 내용으로 하는바, 이에 관하여는 vgl. BVerfGE 65, 1ff.(42), 한편 인구조사판결과 정보의 자기결정권에 대한 우리나라에서의 논의에 관하여는 *김연태*, 치안정보의 효율적인 관리방안에 대한 연구, 치안연구소 연구보고서, 2000, 17쪽 이하; *김일환*, 개인정보보호법제의 정비방안에 관한 연구, 한국법제연구원, 1987, 78쪽 이하 참조(譯註).

고 유도하기 위한 것으로 충분하다. 즉, 조망촬영을 하기 위하여는 ―Aufzeichnungen의 경우(바이에른 집회법 제9조 제1항 제1문)와 달리― 집회참가자들로부터 공공의 안녕 혹은 질서에 대한 현저한 위험이 발생할 것이라고 인정할 수 있는 실질적 근거가 있을 것을 요하지 않는다.

바이에른 집회법 제9조 제2항 제2문에 따를 때, '조망촬영과 조망촬영된 촬영물의 저장'(Übersichtsaufzeichnungen)은 그것이 경찰의 실질적 대응조치에 대한 평가를 위하여 필요할 경우에 한하여 허용된다. 여기서 평가(Auswertung)란 일반적으로 사후적으로 행해지는 분석을 의미하는 것으로 이해되고 있는바, 그것은 데이터의 저장을 전제로 한다. 조망촬영은 집회참가자의 정보의 자기결정권을 침해하지 않는다. 왜냐하면 그것은 집회참가자 개인의 신원확인을 목적으로 행해지는 것이 아니기 때문이다. 그럼에도 불구하고 기술적으로 볼 때 조망촬영은 실시간적으로 혹은 사후적으로 개인의 신원확인을 위하여 사용될 수 있는 가능성이 있음이 일반적이다. '조망촬영과 조망촬영된 촬영물의 저장'의 경우에도 마찬가지이다. 바이에른 집회법 제9조 제2항 제3문에 따라 개인의 신원확인을 목적으로 행해지는 촬영 혹은 촬영물의 저장에 대한 평가는 그것이 기본권침해와 관련이 있으므로 바이에른 집회법 제9조 제1항이 정하는 엄격한 요건하에서만 허용된다. 그러한 요건은 사진촬영과 녹음의 경우에도 적용된다.[53)]

제1항과 제2항에 따른 조치에 대하여는 「바이에른 국가경찰의 직무와 권한에 관한 법률」(PAG)[54)] 제30조 제3항이 준용된다

53) LT-Drucks, 15/10181, S.17.

(바이에른 집회법 제9조 제3항). 이러한 준용규정으로 인하여 바이에른 집회법 제9조 제1항과 제2항에 따른 조치는 원칙적으로 공개적으로 행하여져야 하며, 비밀리에 행해지는 조치는 예외적으로만 허용된다. 바이에른 집회법 제9조 제4항은 조망촬영된 촬영물의 원칙적 삭제 및 폐기의무를 규정하고 있는바, 그러한 의무는 종전의 연방 「집회 및 시위에 관한 법률」 제12a조 제2항에서도 유사한 형태로 규정되어 있었다.[55)]

| 3 | 옥내집회

a) 개 설

단지 바이에른 집회법 제10조, 제11조 그리고 제12조의 3개 조문으로 구성되어 있는 바이에른 집회법 제2장은 옥내집회를 그

---

54) PAG는 Polizeiaufgabengesetz(경찰관직무집행법)의 약어(略語)인데, 여기서의 Polizeiaufgabengesetz의 정식명칭은 "Das gesetz über die Aufgaben und Befugnisse der Bayerischen Staatlichen Polizei"이다. 이 점을 고려하여 여기서는 PAG를 「바이에른 국가경찰의 직무와 권한에 관한 법률」이라고 번역하기로 한다(譯註).

55) 우리나라의 경우 집회에서의 촬영의 문제를 행정법적 시각에서 다루고 있는 문헌은 그리 많지 않은 실정이라고 할 수 있는데, 대표적인의 문헌으로는 *김성태*, 집회·시위현장에서의 촬영에 대한 행정법적 근거와 한계, 한국경찰법학회 제27차 학술회의(2008) 발표요지, 113쪽 이하; *서정범*, 집회에서의 채증활동(採證活動)에 관한 법리에 대한 연구 ―그의 필요성과 집시법에의 도입가능성을 중심으로―, in: 경찰과 사회, 2009, 211쪽 이하(譯註).

규율대상으로 하는바, 옥내집회에 관한 규율은 연방의 「집회 및 시위에 관한 법률」에 비하여 훨씬 간결하다. 그 이유는 한편으로는 이미 언급한 바와 같이 옥외집회에도 마찬가지로 적용될 수 있는 규정들을 총칙에서 규율하고 있다는 것과, 다른 한편으로는 여러 가지의 규율이 통합되어 있다는 것에서 찾을 수 있다. 주최자의 의무에 관한 규정은 독일기본법 제8조에 관한 특별한 기본권이론에 따른 것이다. 그러한 기본권이론에 의하면 주최자의 의무는 명시적으로 열거되어 있는 보호영역의 내재적 한계, 즉 평화적이고 무기를 소지하지 않은 집회만이 보호받는다는 것의 표현이다. 단지 헌법체계상의 한계만이 옥내집회과 관련하여 집회의 자유를 침해하는 것을 정당화시킬 수 있는바, 이는 독일기본법 제8조 제2항의 법률유보는 옥내집회에는 적용되지 않기 때문이다. 예컨대 제3자의 기본권과 기본법상의 다른 규정들이 기본권의 내재적 한계를 이룬다.[56]

b) 바이에른 집회법 제10조에 따른 주최자의 권리와 의무

바이에른 집회법 제10조는 연방 「집회 및 시위에 관한 법률」 제6조 이하와 제9조 제2항에서 규율하고 있는 주최자의 권리와 의무를 하나의 조문에서 통합하여 규율하고 있다. 주최자는 권한 있는 행정청의 요구가 있는 경우 주관자의 성명,[57] 생년월일, 출생지와 주소와 같은 개인관련정보(persönlich Daten)를 권한 있는 행정청에 알려야 한다(바이에른 집회법 제10조 제3항). 권한 있는 행

---

56) LT-Drucks, 15/10181, S.18.

57) 바이에른 「집회법」제10조 제3항 제1문에는 성(姓, Familiennamen), 이름(Vornamen), 출생시의 성(Geburtsnamen)이라고 규정되어 있지만 편의상 이들을 포괄하여 여기서는 성명이라고 부르기로 한다(譯註).

정청에 의한 주관자의 개인관련정보의 제공요구는 그것이 바이에른 집회법 제10조 제3항 제2문에 따른 조치(주관자로 적합하지 않음을 이유로 한 거부)를 할 것인지 여부를 심사하기 위하여 필요한 경우에 한하여 인정된다. 수집된 정보의 처리와 관계인의 권리는 바이에른 데이터보호법(Datenschutzgesetz) 및 ―경찰이 그를 심사하는 행정청인 경우에는― 「바이에른 국가경찰의 직무와 권한에 관한 법률」에 따라 정해진다.

c) 바이에른 집회법 제11조에 따른 질서문란자의 배제와 가택권

바이에른 집회법 제11조에 따르면 주관자는 질서를 현저히 문란케 하는 자를 집회로부터 배제시킬 수 있다(연방 「집회 및 시위에 관한 법률」 제11조 제1항 또한 이러한 규정을 갖고 있다). 이러한 배제결정으로 인하여 집회로부터 배제결정을 받은 자는 집회참가자로서의 지위를 상실하게 되고, 바이에른 집회법 제5조 제2항에 따라 지체 없이 집회장소로부터 떠나야 할 의무를 갖게 된다(연방 「집회 및 시위에 관한 법률」 제11조 제2항 참조). 집희로부터 배제결정을 받은 자가 이러한 의무를 이행하지 않게 되면 바이에른 집회법 제21조 제1항 제5호에 규정된 질서위반행위를 범한 것이 된다. 연방 「집회 및 시위에 관한 법률」 제7조 제4항과 마찬가지로 바이에른 집회법 제11조 제2항은 주관자가 가택권(家宅權, Hausrecht)을 행사함을 규정하고 있다. 이 규정(바이에른 집회법 제11조 제2항)은 동조 제1항이 적용되지 않는 경우에 의미를 갖는다. 즉, 가택권은 집회의 참가자에 대하여는 의미가 없다. 왜냐하면 ―집회의 참가자가 질서를 현저히 문란케 한 경우에는― 그에 대하여 이미 바이에른 집회법 제11조 제1항에 따른 조치를 취할 수 있기 때문이다. 따라서 가택권은 집회에 참가하지 않은 자에 대하여만 의미를 갖는다. 또한 바이에른 집회법 제11조 제2항과 관련하여서는 이 규정에 의하여 가택권이 비로소 창설되는 것이 아니라, 이 규정은 가택권을 전제로 하고 있다는 것이 언급되어야 한다. 따라서 소유자가 사법규정(私法規定)에 근거하여 혹은 공법상의 접근권에 따라 그 공간에서의 집회를 개최하는 것을 허락했었어야 한다.[58)]

d) 행정청의 처분

aa) 집회개시 전의 처분, 바이에른 집회법 제12조 제1항

연방 「집회 및 시위에 관한 법률」 제5조 이하와 13조가 규율하고 있는 내용을 통합하여 규율하고 있는 바이에른 집회법 제12조는 집회의 제한, 금지 그리고 해산에 관한 단일의 권한규범(Befugnisnorm)이다. 한편 집회개시 전의 처분과 집회개시 후의 처분은 구분되어야만 한다. 바이에른 집회법 제12조 제1항은 집회개시 전의 처분에 관하여 규율하고 있는바, 그에 따르면 같은 항 제1, 2, 3, 4호에 열거된 요건 중 어느 하나에 해당하는 경우 행정청은 옥내집회의 진행을 제한하거나 금지시킬 수 있다. 바이에른 집회법 제12조 제1항에 명시적으로 규정되어 있는 집회를 제한하는 처분에 대한 수권규정(授權規定)은 연방 「집회 및 시위에 관한 법률」 제5조에서는 찾아볼 수 없는 새로운 것이다; 물론 판례는 연방 「집회 및 시위에 관한 법률」 제5조와 관련하여서도 "집회의 금지에 관한 수권규정인 연방 「집회 및 시위에 관한 법률」 제5조는 단순한 제한 역시 당연히 허용하고 있다"는 것을 이미 인정하였었다. 이러한 판례는 이제 바이에른 집회법 제12조

58) LT-Drucks, 15/10181, S.18.

제1항에 의하여 명시적인 법적 근거를 갖게 되었다.[59] 비례의 원칙(Verhältnismäßigkeitsgrundsatz)을 고려할 때 집회의 금지는 그보다 경미한 수단인 집회의 제한만으로는 충분하지 않은 경우에 한하여서만 허용된다.

bb) 집회개시 후의 처분, 바이에른 집회법 제12조 제2항

연방 「집회 및 시위에 관한 법률」 제15조와 유사한 바이에른 집회법 제12조 제2항은 집회개시 후의 처분권한을 규율하고 있다. 그에 따르면 행정청은 집회의 개최 이후에 같은 항 제1, 2, 3, 4호의 요건 중 어느 하나에 해당하는 경우에 이유를 적시하여 집회를 제한하거나 해산시킬 수 있다. 이 경우에도 비례의 원칙이 적용되므로 집회의 해산은 단순한 제한만으로는 목적을 달성하기에 충분하지 못한 경우에 한하여 비로소 고려될 수 있다.

| 4 | 옥외집회

a) 개 설

바이에른 집회법 제3장은 옥외집회에 관한 것이다. 옥내집회와 비교하여 볼 때 옥외집회는 훨씬 더 강한 외부효(外部效, Außenwirkung)[60]를 가지는바, 이는 옥외집회의 경우 보다 광범위한 대중이 참가할 수 있기 때문이다. 특히 한 장소에서 움직이

59) LT-Drucks, 15/10181, S.19.

60) 외부효에 관하여는 *BverfG,* Beschl. v.14.5.1985 BVerfGE 69, 315(350)(Brokdorf) = BayVBl. 1985, 623을 보라.

지 않고 계속하여 행해지는 집회가 아니라, 행진(行進, Aufzug)으로서 움직이는 집회의 경우에는 더욱 그러하다. 연방「집회 및 시위에 관한 법률」제1조 제1항 혹은 제14조에서 사용되는 '행진'이라는 개념은 바이에른 집회법에서는 더 이상 발견되지 않는다. 왜냐하면 행진은 바이에른 집회법 제2조 제1항에 정의되어 있는 집회의 개념에 이미 포함되어 있기 때문이다.[61] 무엇보다도 1980년대 원자력발전소 건설에 반대하는 대규모시위 혹은 2007년 초여름 독일의 Heulgendamm에서 열렸던 선진8개국 정상회담(G8-Gipfel)에 반대하는 대규모시위에서 보듯이,[62] 옥외집회는 옥내집회보다 그 규모가 훨씬 크다는 것을 인정할 수 있으며, 따라서 옥내집회보다 중요한 의미를 가진다. 집회와 관련된 기본원칙들에 관한 연방헌법재판소의 중요한 판결들이 옥외집회와 관련하여 행해진 것 또한 옥외집회가 갖는 이러한 중요한 의미 때문이라고 생각된다.

b) 바이에른 집회법 제13조에 따른 주최자의 신고의무(Anzeigepflicht)와 통지의무(Mitteilungspflicht)

aa) 개 관

연방「집회 및 시위에 관한 법률」제14조 제1항은 주최자에

61) LT-Drucks. 15-10181, S.13.

62) Brokdorf결정에서는 "50,000명이 훨씬 넘는"(vgl. *BverfG*, Beschl. v.14.5.1985 BVerfGE 69, 315(326) = BayVBl. 1985, 623)이라는 표현이 보인다.; 또한 "2007년 6월 독일의 Heulgendamm에서 열렸던 선진8개국 정상회담에 반대하는 집회의 참가자는 100,000명에 이를 것으로 예견된다"(vgl. Der Spiegel 20/2007, S.23). 이것에 관하여는 *BVerfG*, Entschl. v.6.6.2007, NJW 2007, 2168을 보라.

게 늦어도 집회공고 48시간 전에 권한 있는 행정청에게 신고할 의무를 부과하고 있다. 이 조항에 대해서는 '신고를 하거나 허가를 받을 필요 없이'(ohne Anmeldung oder Erlaubnis) 집회를 행할 수 있는 자유를 보장하고 있는 독일기본법 제8조 제1항에 위배될 수도 있다는 지적이 있다. 그러나 연방헌법재판소는 Brokdorf결정에서 "신고의무가 예외 없이 인정되는 것은 아니며, 신고의구를 위반하였다는 것만으로 집회를 금지하거나 해산시킬 수 있는 권한이 인정되는 것은 아니다; 더욱이 어떤 현안에 대한 즉각적 대응으로서 순간적 동기에 의해 성립되는 우발적 집회의 경우에는 적시에 신고할 의무가 면제된다"[63]고 하여 이 문제를 해결하였다. 집회신고서에 기재된 내용은 행정청에게 필요한 정보를 제공하여 행정청에게 한편으로는 행정청이 집회가 아무런 장해 없이 진행되고 그를 위하여 어떠한 조치를 취하여야만 하는지, 다른 한편으로 무엇이 제3자의 이익 및 공공의 이익을 위하여 필요한지 그리고 양자가 어떻게 서로 조화를 이룰 수 있는지를 알도록 하여준다.[64] 따라서 연방「집회 및 시위에 관한 법률」 제14조의 규율내용을 받아들인 바이에른 집회법 제13조는 'Anmeldung'이란 용어를 더 이상 사용하지 않고 'Anzeige'란 용어를 사용하고 있는바, 이처럼 Anzeige란 용어를 선택한 것은 연방「집회 및 시위에 관한 법률」 제14조의 규정방식보다 전술한 목적을 보다 잘 표현하고 있다고 할 것이다.[65]

---

63) *BverfG*, Beschl. v. 14.5.1985 BVerfGE 69, 315(350)(Brokdorf) = BayVBl. 1985, 623.

64) BT-Drucks, 8/1845, S.10을 참조하고 있는 *BverfG*, Beschl. v. 14.5.1985 BVerfGE 69, 315(350)(Brokdorf) = BayVBl. 1985, 623.

65) 독일어의 'Anmeldung'과 'Anzeige'는 모두 신고를 의미하지만 양자는 뉘앙스 면에서 약간의 차이를 보인다. 즉, 'Anmeldung'은 정

bb) 바이에른 집회법 제13조 제1항에 따른 신고기간

연방 「집회 및 시위에 관한 법률」 제14조 제1항이 늦어도 집회공고 48시간 전에 신고를 하여야 한다고 규정하고 있는 것에 반하여, 바이에른 집회법 제13조 제1항에 의하면 늦어도 집회공고 72시간 전에 신고를 할 것이 요구된다.[66] 신고기간을 이처럼 연장한 이유는 —과거의 경험을 통하여 알 수 있듯이— '48시간 전'이라는 기간은 종종 한편으로 행정청과 경찰이 집회를 위하여 필요한 보호를 행하고, 다른 한편으로 제3자의 이익과 공공의 안녕이라는 이익을 고려하기에는 충분하지 못하다는 것에 있다.[67] 특히 초지역적으로 경찰력을 투입할 것이 요구되는 대규모시위의 경우에 있어서는 신고기간의 장기화가 조직적 측면에서 요구된다.

형화된 양식이 존재하고 그것이 요구하는 내용을 기재하는 형태의 신고를 의미하는 측면이 강하며(예: 전입신고), 'Anzeige'는 정형화된 양식이 없이 비교적 자유롭게 내용을 기술하는 형태의 신고를 의미하는 측면이 강하다(예: 범죄신고). 다만 이러한 차이를 적절하게 표현할 수 있는 용어를 발견하지 못하여 본서에서는 일단 원어(原語)를 그대로 사용하기로 한다(譯註).

66) 우리나라의 「집회및 시위에 관한 법률」 제6조 제1항은 옥외집회나 시위를 주최하려는 자는 그에 관한 다음 각 호의 사항 모두를 적은 신고서를 '옥외집회나 시위를 시작하기 48시간 전에' 관할 경찰서장에게 제출하도록 규정하고 있는바, 바이에른의 집회법상의 신고기간을 우리나라의 「집회및 시위에 관한 법률」상의 그것과 비교하면 다음과 같은 면에서 차이점을 발견할 수 있다. 우선 '48시간'과 '72시간'이라는 시간면에서의 차이가 눈에 띈다. 그러나 더 중요한 차이점은 기산점(起算點)에서 발견할 수 있다. 즉, 우리나라의 「집회 및 시위에 관한 법률」의 경우 옥외집회나 시위를 '시작하기 48시간 전'으로 되어 있는 것에 반하여 바이에른의 집회법은 '집회공고 72시간 전'으로 되어 있다는 것에 주목하여야 할 것이다(譯註).

67) LT-Drucks. 15/10181, S.19.

따라서 바이에른 집회법 제13조 제1항 제1문은 원칙적인 신고기간을 72시간 전으로 연장하였고, 심지어 초지역적 집회(超地域的集會, überörtliche Versammlungen)의 경우에는 96시간 전으로 연장하였다. 후자의 경우에는 주최자는 관련 행정청 가운데 어느 하나의 크라이스(Kreis)[68] 행정청에 신고를 하면 신고의무를 충족시킨다(바이에른 집회법 제24조 제3항 제1문 참조). 여기서 초지역적 집회란 한 행정청의 관할구역을 넘어서서 행해지는 집회를 말한다(바이에른 집회법 제24조 제3항 제1문). 이 경우에 다수의 행정청 간의 협력이 필요하며, 이러한 협력은 보다 많은 시간을 필요로 하기 때문에 기한을 또 연장하는 것도 정당화될 수 있다.

이처럼 신고기간을 72시간 혹은 96시간으로 연장한다고 하여 집회의 자유가 비례의 원칙에 어긋나게 제한되는 것은 아니다. 더욱이 예외적으로 신고기간이 준수될 수 없는 경우에 있어서도 집회의 자유라는 기본권행사는 바이에른 집회법 제13조 제3항과 제4항의 긴급집회와 우발적 집회에 관한 규율을 통하여 보장된다.[69]

---

68) Kreis는 독일의 지방행정단위의 하나로서 우리나라의 문헌들은 통상적으로 '군(郡)'으로 번역하고 있다. 그러나 Kreis는 "16세기 초부터 느슨한 공국 연합체로 바뀌기 시작한 신성 로마 제국이 1806년 소멸할 때까지 제국 안에 존재한 여러 지방(행정구역)을 통틀어 일컫는 말이며, 부르군트 · 니더라인베스트팔렌 · 니더작센 · 오버작센 · 쿠르라인 · 오버라인 · 프랑켄 · 슈바벤 · 바이에른 · 오스트리아 등의 크라이스가 있었다"라는 서술에서 보듯이(http://enc.daum.net/dic100/contents.do?query1= b22k0240a, 최종검색: 2010년 7월 5일) 역사적 개념으로서 이해되어야 할 것이다. 따라서 '군(郡)'으로 한정지어 번역하기에는 무리가 있다고 생각되어, 본서에서는 원어인 Kreis를 그대로 사용하기로 한다(譯註).

cc) 신고의 형식과 내용

연방 「집회 및 시위에 관한 법률」 제14조 제1항과 달리 바이에른 집회법 제13조는 신고의 형식과 그 상세한 내용을 최초로 규율하고 있다. 바이에른 집회법 제13조 제1항 제2문에 따르면 신고는 문서 혹은 전자문서로만 할 수 있으며,[70] 예정된 집회가 개최되기 2년 전부터만 할 수 있다.[71] 이로써 전화를 이용한 신고는 허용될 수 없으며,[72] 집회가 개최되기 2년 전보다 더 이른

---

69) LT-Drucks. 15/10181, S.19.

70) 집회신고의 형식과 관련하여 바이에른 집회법 제13조 1항은 schriftlich, elektronisch oder zur Niederschrift에 의할 것을 규정하고 있다. 이 경우 우선 'schriftlich'와 'zur Niederschrift'의 구분이 문제가 되는데 전자는 집회의 신고인이 형식에 구애받지 않고 집회신고에 포함될 내용을 스스로 문서에 기술하는 방식을 의미하는 측면이 강하고, 후자는 이미 문서화되어 있는 신고양식에 따라 요구되는 내용을 기재하고 서명하는 측면이 강하다고 할 수 있다. 다만 이러한 사정을 고려하여 이들 용어를 구분하여 번역하기는 어려운 면이 있어 양자를 포괄하는 개념으로 '문서로'라는 용어를 사용하기로 한다. 한편 elektronisch는 단어의 의미상으로는 각종의 전자적 방법을 망라하는 개념이지만 동조의 의미와 관련하여 독일에서 "이러한 규정을 통하여 전화를 통한 신고가 인정될 수 없게 되었다"라는 식의 설명이 행해지고 있음을 고려하여 '전자문서로'라고 번역하기로 한다. 결국 schriftlich, elektronisch oder zur Niederschrift를 '문서 혹은 전자문서로'라고 번역하기로 하였는데, 이는 신고나 신청에 대하여 규율하고 있는 우리나라의 실정법의 규정방식 또한 참고한 것임을 밝혀 두기로 한다(譯註).

71) 우리나라의 「집회및 시위에 관한 법률」 제6조 제1항은 옥외집회나 시위를 주최하려는 자는 그에 관한 다음 각 호의 사항 모두를 적은 신고서를 옥외집회나 시위를 시작하기 '720시간 전부터' 48시간 전에 관할 경찰서장에게 제출하도록 규정하고 있다. 그런데 바이에른 집회법은 2년 전부터 할 수 있도록 규정하고 있는 점에서 양자 간의 차이점을 발견할 수 있다(譯註).

시점에서 신고를 할 수 없다는 것이 분명해졌다. 집회신고자들, 특히 극우진영의 집회신고자들은 동일한 장소와 시간에 있을 수도 있는 다른 집회를 불가능하게 할 의도를 가지고 특별히 역사적으로 의미 있는 날에 관심의 대상이 되는 장소를 선점하기 위하여 항상 반복하여 미리 집회신고를 해왔었다.[73]

연방「집회 및 시위에 관한 법률」제14조 제2항은 주최자가 어떠한 내용을 신고하여야 하는지에 관하여 충분히 규율하지 못하고 있는 것에 반하여, 바이에른 집회법 제13조 제2항은 신고내용을 상세히 그리고 확대하여 규정하고 있으며, 필요한 신고내용의 목록을 제시하고 있다: 그에 따르면 신고는 집회의 장소, 집회의 개최시점과 종료시점, 집회의 목적, 주최자와 주관자, 참가 예정인원, 집회의 진행, 집회의 진행을 위하여 소지하는 물건 및 사용할 기술적 설비와 예정하는 질서유지인의 수를 내용으로 하여야 한다. 이러한 신고내용들은 집회의 영향과 집회를 위협하거나 집회로부터 발생하는 위험을 평가하기 위하여 필요한 것이다.[74] 이는 행정청으로 하여금 사전에 이해조절을 위하여 관련된 제3자와, 경우에 따라서는 반대집회의 주최자와 의견을 조율하는 것을 가능케 한다. 또한 신고를 통하여 행정청에게 통지된 내용들은 경우에 따라 요구되는 바이에른 집회법 제14조에 의하여 행해지는 행정청과 주최자 간의 향후협력의 기초를 이룬다.[75] 집회의

---

72) 이에 대한 비판으로 다수의 SPD 의원들의 개정신청이 있었는바, 이에 대하여는 LT-Drucks. 15/10669, S.6.

73) LT-Drucks. 15/10181, S.19. 또한 vgl. *BVerfG,* Beschl. v. 6.5.2005, BayVBl. 2005, 592(594).

74) LT-Drucks. 15/10181, S.20. 또한 vgl. *Ebert,* ThürVBl. 2007, 25(27f.).

주관자에 관한 신고내용(바이에른 집회법 제13조 제2항 제1문 제4호)은 행정청으로 하여금 바이에른 집회법 제13조 제5항에 따라 신뢰가능성의 결여 혹은 주관자로서의 적합성결여를 이유로 주관자를 거부할 것인지 여부를 결정할 수 있도록 하여 준다. 행정청이 질서유지인을 거부할 수 있는 가능성에 관하여는 바이에른 집회법 제13조 제6항이 규율하고 있는바, 동항 제3문은 행정청에게 질서유지인의 개인관련정보를 알려줄 것을 요구할 수 있는 권리를 부여하고 있다.

dd) 긴급집회와 우발적 집회의 특수성, 바이에른 집회법 제13조 제3항, 제4항

긴급집회(緊急集會, Eilversammlung)와 우발적 집회(偶發的 集會, Spontanversammlung)의 경우에 독일기본법 제8조 및 바이에른 헌법 제113조의 요청(신고 없이, 'ohne Anmeldung')을 충족시키기 위하여는 신고의무를 면제하여 줄 것이 요구된다. 이는 집회법에 명시적 규정이 없을 때에도 언제나 판례에 의하여 요구되어 왔다.[76] 이러한 판례의 내용은 바이에른 집회법 제13조 제3항(긴급집회의 경우)과 바이에른 집회법 제13조 제4항(우발적 집회의 경우)을 통하여 최초로 법률에 명문으로 규정되기에 이르렀다. 여기서 긴급집회란 예정된 집회의 동기가 순간적으로 형성된 경우를 말한다(바이에른 집회법 제13조 제3항에 규정된 입법적 정의 또한 그러하다). 바이에른 집회법 제13조 제1항 제1문과 달리 긴급집회는 전화로도 신고할 수 있으며, 또한 권한 있는 행정청에 대하여서도(바이

75) LT-Drucks. 15/10181, S.20.

76) 예컨대 *BverfG*, Beschl. v. 14.5.1985, BVerfGE 69, 315(Brokdorf) = BayVBl. 1985, 623; *BverfG*, Entsch. v. 26.3.2001 NJW 2001, 1411을 보라. 또한 vgl. *BVerfG,* Beschl. v. 30.4.2007, StV 2008, 71(LS).

에른 집회법 제24조 제2항 내지 제4항) 혹은 경찰에 대하여서도(바이에른 집회법 제24조 제1항) 신고할 수 있다. 이들 행정청이 신고에 관하여 즉각적으로 서로 알려주게 될 것이어서, 이중으로 신고[77]할 필요는 없다.[78] 한편 우발적 집회란 집회가 그 직접적 동기에 있어 무계획적으로, 그리고 주최자 없이 이루어지는 경우를 말한다(바이에른 집회법 제13조 제4항에 규정된 입법적 정의 또한 그러하다). 이 경우에는 바이에른 집회법 제13조 제4항에 다라 아예 신고를 필요로 하지 않는다.

긴급집회와 우발적 집회의 구분에 관하여 연방헌법재판소는 다음과 같이 설명하고 있다: 즉, 긴급집회는 우발적 집회와 달리 계획적이며, 또한 주최자가 있는 집회이다. 다만 연방 「집회 및 시위에 관한 법률」 제14조가 정하고 있는 신고기간을 준수하여 신고할 수 없을 뿐이다.[79]

c) 바이에른 집회법 제14조의 협력의 원칙

연방헌법재판소는 Brokdorf 결정(Brokdorf-Beschluss)을 통하여 이른바 협력의 원칙(Kooperationsgebot) 또한 발전시켰다: 집회의 주최자, 집회의 주관자, 집회행정청(Verwaltungsbehörde)[80]과 경찰의

---

77) 정부안(政府案, Regierungsentwurf)에는 '이중으로 신고할 의무'(doppelte Anzeigepflicht)가 규정되어 있었다(LT-Drucks. 15/10181).

78) LT-Drucks. 15/10182, S.3.

79) *BVerfG*, Beschl. v. 23.10.1991, BayVBl. 1992, 209.

80) 여기서 집회행정청이라고 함은 집회에 관한 권한을 가진 행정청을 말하는바, 원칙적으로 Kreis 행정청(Kreisverwaltungsbehörde)을 말한다. 이러한 것에 대하여는 바이에른 집회법 제24조 참조(譯註).

협력을 통하여 사전에 예측하지 못한 갈등상황을 용이하게 극복할 수 있을 것이다.[81] 집회주최자 측에서 일방적으로 신뢰를 형성하는 조치 혹은 시위에 우호적인 협력을 위한 준비가 잘 되어 있으면 있을수록, 공공의 안녕에 대한 위험의 존재를 이유로 행정청이 개입하기 위한 문턱은 높아져간다.[82] 바이에른 집회법 제14조는 이러한 판례의 태도를 받아들여 그에 관하여 처음으로 법률로 규율하기에 이르렀다.

바이에른 집회법 제14조 제1항 제1문에 의하면 권한 있는 행정청은 주최자에게 집회의 진행에 관한 상세한 내용을 권한 있는 행정청과 논의할 기회를 부여하여야 한다. 정부안(政府案, Regierungsentwurf)[83]의 경우와 달리 바이에른 집회법 제14조로부터 이러한 협력이 집회가 개최되기 전단계(前段階, Vorfeld)에서뿐만 아니라 집회의 진행 중에도 행하여져야 한다는 결론을 직접 도출할 수는 없다. 그럼에도 불구하고 집회의 진행단계에서 협력이 배제되는 것은 아니며,[84] 집회의 진행 중에도 협력은 행해져야 한다. 이러한 협력은 여러 가지 목적에 기여한다: 이러한 협력은

---

81) *BVerfG*, Beschl. v. 14.5.1985, BVerfGE 69, 315(355)(Brokdorf) = BayVBl. 1985, 623; 협력의 원칙 일반에 관하여는 또한 *Leist*(Fn.3), S.139ff.; *ders.*, BayVBl. 2004, 489; *Ebert*, ThürVBl. 2007, 25(26); *Kniesel/Poscher,* NJW 2004, 422(424f.); *Dietel/Gintzel/Kniesel*, Demonstrations- und Versammlungsfreiheit - Kommentar zum Gesetz über Versammlungen und Aufzüge vom 24.7.1953, 13.Aufl., 2004, §14 VersG, Rn.25ff.

82) *BVerfG*, Beschl. v. 14.5.1985, BVerfGE 69, 315(316, LS 3) (Brokdorf) = BayVBl. 1985, 623; *Ebert*, ThürVBl. 2007, 25(26).

83) LT-Drucks. 15/10181.

84) Vgl. *Dietel/Gintzel/Kniesel*(Fn.81), §14 VersG, Rn.32.

집회의 개최 전단계에서는 상호간에 정보를 교환하고 계획된 집회의 진행에 관한 문제를 논의하는 것을 가능케 한다. 집회행정청은 필요한 안전조치를 계획하기 위하여 필요한 정보를 얻게 된다. 한편 집회행정청 측에서는 집회주최자에게 집회법상의 문제점들, 나아가서 질서행정청의 관점이나 도로교통법상의 관점에 대해 알려주게 된다.[85] 한편 집회가 진행되는 동안에는 이러한 협력은 집회의 평화적 진행을 위해 필요한 중요한 정보를 서로 교환할 수 있게 해 준다. 또한 이 정도를 넘어서서 각각의 단계에서 집회의 평화적 진행을 보장하고 폭력적 행위를 사전에 예방하기 위하여 필요한 관계인들 간의 신뢰를 형성하는 효과를 가져온다.[86]

바이에른 집회법 제14조 제1항 제2문은 주최자에게 협력의 의무가 부과되는 것은 아니라는 것, 따라서 연방헌법재판소에 의하여 발전된 협력의 의무(Kooperationspflicht)는 단지 집회행정청과 경찰과 관련 있는 것이라는 점을 분명히 하고 있다. 이에 반하여 집회주최자에게는 단지 협력의 책무(責務, Obliegenheit)[37]만이 있을 뿐이며, 따라서 그를 준수하지 않아도 원칙적으로 아무런 문제가

85) LT-Drucks. 15/10181, S.21; *Dietel/Gintzel/Kniesel*(Fn.81), §14 VersG, Rn.34.

86) LT-Drucks. 15/10181, S.20.

87) Obliegenheit는 Schuld에 대비되는 개념으로 민법에서 주로 사용되고 있는바, 현재 우리나라에서는 일반적으로 Schuld는 '채무(債務)', Obliegenheit는 '책무(責務)'로 번역·사용되고 있다. 이 경우 책무는 그를 이행하지 않은 경우에도 그를 강제할 수 없다는 점에서 채무와 구별되는바, 책무의 예로는 초상화를 그려 줄 것을 화가에게 주문한 사람이 모델로 서 있을 책무가 들어지고 있다(책무의 구체적 예에 관하여는 vgl. *Creifeld,* Rechtswörterbuch, 9.Aufl., 1988, S.813).

없다.[88] 그러나 바이에른 집회법 제14조 제2항에 의하면 권한 있는 행정청은 바이에른 집회법 제15조에 따른 조치를 행함에 있어 주최자 혹은 주관자가 권한 있는 행정청과 어느 정도 협력을 하였는지를 고려할 수 있다. 집회주최자 측에서 일방적으로 신뢰를 형성하는 조치를 위한 준비가 잘 되어 있으면 있을수록, 행정청이 개입하기 위한 문턱은 높아져간다.[89] 바이에른 집회법 제15조와 관련하여 동법 제14조는 집회가 진행되는 동안에도 전술한 협력이 행하여져야 한다는 것을 확인하고 있는바, 이는 바이에른 집회법 제15조가 (제3항과 제4항에서) 집회개최 이후에도 조치를 취할 수 있도록 하고 있기 때문이다. 집회개최 이후에 조치를 취할 것인지, 그리고 취한다면 어느 정도의 조치를 취할 것인지의 문제와 관련하여서는 바이에른 집회법 제14조 제2항에 따라 주최자 등의 협력을 위한 준비가 고려될 수 있다; 이 경우 바이에른 집회법 제15조 제3항과 제4항에 따른 조치는 단지 집회가 진행 중인 동안에 행해지는 협력만이 문제될 수 있다.

행정청은 집회의 종류와 범위에 따를 때 필요한 것으로 여겨지는 한도 내에서만 집회의 주최자와 협력할 의무를 갖는다. 따라서 계획된 집회의 진행으로 인하여 공공의 안녕 혹은 질서에 대한 위험이 발생할 염려가 없는 집회의 경우에는 그러한 협력의

88) LT-Drucks. 15/10181, S.4; LT-Drucks. 15/10181, S.21; *BVerfG,* Entsch. v. 1.5.2001, NJW 2001, 2079; *Dietel/Gintzel/Kniesel*(Fn.81), §14 VersG, Rn.54; *Leist*(Fn.38), S.163ff.; *ders.*, BayVBl. 2004, 489(491); 이에 반하여 *Ebert*, ThürVBl. 2007, 25(26)은 주최자의 협력의 의무를 인정하고 있다.

89) *BVerfG*, Beschl. v. 14.5.1985, BVerfGE 69, 315(316, LS 3) (Brokdorf) = BayVBl. 1985, 623; *Ebert*, ThürVBl. 2007, 25(26); *Leist*(Fn.3), S.162; LT-Drucks. 15/10181, S.21.

의무가 부정된다.[90)]

d) 집회의 제한, 금지와 해산, 바이에른 집회법 제15조

aa) 개 관

연방의 「집회 및 시위에 관한 법률」 제15조 제1항은 처분을 행하는 시점에 있어서 인식할 수 있는 제반사정을 고려할 때 집회(Versammlung) 혹은 행진(Aufzug)[91)]으로 인하여 공공의 안녕이나 질서가 직접적으로 위협받게 되는 경우에는 집회 혹은 행진을 금지하거나 일정한 부담(負擔, Auflage)[92)]을 붙일 수 있는 권한을 권한 있는 행정청에게 부여하고 있다.[93)] 바이에른 집회법 제15조 제1항은 이러한 연방의 「집회 및 시위에 관한 법률」 제15조 제1항을 포괄적으로 받아들인 것이다. 다만 집회의 개념에 포함되

90) LT-Drucks. 15/10181, S.21; 또한 vgl. *Dietel/Gintzel/Kniesel*(Fn.81), §14 VersG, Rn.29.

91) 독일(연방)의 경우 '행진'은 움직이는(도보에 의하든, 자동차, 선박, 자전거, 동물에 의하든) 옥외집회로 이해되고 있다. 즉, 행진은 '움직인다'(fortbewegen)는 것을 그 특징으로 하고 그 한도에서 연방 「집회 및 시위에 관한 법률」 제19조의 특별규정이 적용된다는 점 때문에 용어상 집회와 구분되어 사용되고 있기는 하지만, 근본적으로 옥외집회의 하위개념일 뿐이라는 것이 독일에서의 일반적 설명방법이다(譯註).

92) 여기서의 부담은 행정행위의 부관의 일종으로서의 부담, 즉 「행정행위의 주된 내용에 부가하여 행정행위의 상대방에게 작위·부작위·수인·급부 등의 의무를 부과하는 부관」을 의미하는 것으로 이해된다(譯註).

93) 이에 관하여 자세한 것은 *Scheidler*, BayVBl. 2005, 453(454f.); *ders.*, BayVBl. 2008, 100(101); *Kniesel/Poscher,* NJW 2004, 422(425); *Leist* (Fn.38), S.131ff.를 보라.

는 '행진'에 관하여는 더 이상 언급하지 않고 있으며, 또한 '부담'이라는 용어 대신에 "제한한다"라는 동사(動詞)를 사용하고 있다; 이처럼 부담이라는 용어를 사용하지 않은 것은 집회는 허가를 필요로 하지 않는 것(zulassungsftrei)이므로 집회는 법적 의미에서의 부담, 즉 행정행위에 붙여진 부관(Nebenbestimmung, 바이에른 행정절차법 제36조 제2항 제4호 참조)과는 결합될 수 없다는 것에 기초한 것이다.[94] 또한 바이에른 집회법 제15조 제1항의 규정은 옥내집회를 제한하거나 금지할 수 있는 조건하에서 옥외집회 또한 제한하거나 금지시킬 수 있도록 하고 있는바(바이에른 집회법 제12조 제1항과 관련된 동법 제15조 제1항), 그 한도에서 연방의 「집회 및 시위에 관한 법률」 제15조 제1항을 넘어서고 있다. 헌법적으로 옥외집회보다 훨씬 고도의 보호를 받는 옥내집회가 바이에른 집회법 제12조 제1항에 따라 제한되거나 금지될 수 있다고 한다면, 이러한 제한이나 금지가 옥외집회에 대해서도 행해질 수 있어야 한다는 것은 '더욱더 마땅하다'(erst recht)고 할 수 있다.[95]

정부안(政府案)[96]과 달리 바이에른 집회법 제15조 제1항은 형량(衡量, Abwägung)의 과정에서 제3자의 권리 또한 고려되어야 한다는 것을 더 이상 명시적으로 규정하고 있지는 않다[97]; 그럼에도 불구하고 동조는 '제3자의 권리는 그의 중요성과 집회의 자유가 갖는 의의에 상응하여 형량결정과정에 포함되어야 한다'는 헌법적 상황에 합치하는 것이다.[98] 입법절차가 진행되는 과정에서

---

94) LT-Drucks. 15/10181, S.21; 또한 vgl. *Leist*(Fn.38), S.272ff.

95) LT-Drucks. 15/10181, S.21.

96) LT-Drucks. 15/10181, S.9.

97) 이에 관하여는 LT-Drucks. 15/10181, S.21f.; *Scheidler*, Kommunal Praxis BY 2008, 122(126)을 보라.

‘제3자의 권리가 고려되어야 한다’는 것이 명문화되지 못하였다는 것으로부터 그 반대의 결론, 즉 ‘제3자의 권리를 고려할 필요가 없다’라는 결론이 도출될 수는 없는바, 이는 단지 선언적 의미를 가질 뿐인 문구를 삭제하는 것은 그로부터 제3자의 주관적 권리가 도출되는 것을 저지할 뿐이기 때문이다.[99] 예컨대 통행량이 매우 많은 간선도로가 행진으로 인하여 오랜 시간 동안 차단되어야 한다면, 교통관여인(Verkehrsteilnehmer)들의 신속한 이등에 대한 이익과 자신들의 관심사를 효과적으로 표현하는 것에 대한 집회참가자들의 이익간의 형량이 필요하고, 그러한 형량을 통하여 “행진은 간선도로 상에서는 아주 짧은 시간만 행하고, 그 밖에는 상대적으로 교통량이 적은 도로에서 행하여져야 한다”는 결론을 가져올 수 있다. 바이에른 집회법 제15조 제1항은 “제한(Beschränkung)”이라는 조치와 “금지(Verbot)”라는 조치를 차례대로 규정하고 있는바, 이 경우 어떠한 조치를 취할 것인지의 문제에 있어서는 비례의 원칙(Grundsatz der Verhältnismäßigkeit)이 고려되어야 한다: 즉, 비례의 원칙에 따를 때, 집회의 제한을 통하여 공공의 안녕 혹은 질서에 대한 위험을 방지하는 것이 충분한 경우라면 집회의 금지보다 집회의 제한이 우선적으로 고려되어야 한다.[100]

---

98) LT-Drucks. 15/10182, S.4; 또한 *BVerfG*, Beschl. v. 6.5.2005, BayVBl. 2005, 592(593)을 보라.

99) LT-Drucks. 15/10182, S.4.

100) LT-Drucks. 15/10181, S.21; ‘금지’에 대한 ‘제한’의 우위(優位, Vorrang), 즉 집회 자체에 대한 금지조치를 취하는 것보다 집회를 제한하는 것이 우선적으로 고려되어야 한다는 것에 대하여는 또한 vgl. *BVerfG,* Beschl. v. 14.5.1985, BVerfGE 69, 315(353)(Brokdorf) = BayVBl. 1985, 623; *BVerfG*, Beschl. v. 23.6.2004, NJW 2004, 2814(2816); *BVerfG*, Beschl. v. 5.9.2003, NVwZ 2004, 90(92);

집회개최 이후에도 조치를 취하는 것을 가능케 하는 바이에른 집회법 제15조 제3항은 사후적 제한에 대한 권한과 관련하여 집회의 해산에 관한 연방의 「집회 및 시위에 관한 법률」 제15조 제3항의 수권규정을 보충하고 있다. 또한 동조는 집회는 그것이 신고되지 않았다거나, 신고된 내용과 상이한 형태로 진행된다거나 혹은 사법적 제한(司法的 制限, gerichtliche Beschränkungen)에 위반된다는 것만으로 해산되어서는 아니된다는 연방헌법재판소의 판례를 고려하고 있다.[101] 한편 법원에 의한 제한은 행정법원법(Verwaltungsgerichtsordnung, VwGO) 제80조 제5항 제4문[102]에 따른 집행정지효(執行停止效, aufschiebende Wirkung)의 회복을 위한 절차 혹은 연방헌법재판소법(BBverfGG) 제32조[103]에 따른 가명령(假命令, einstweilige Anordnung)을 위한 절차를 통하여 행하여질 수 있다.

바이에른 집회법 제15조 제5항은 "금지된 집회는 해산되어야 한다"고 하여 그 문언상으로는 연방의 「집회 및 시위에 관한 법률」 제15조 제4항과 동일하게 규정하고 있다. 물론 집회를 계속하는 것

BVerfG, Beschl. v. 14.8.2003, NJW 2003, 3689(3690f.); *BVerfG*, Beschl. v. 24.3.2001, BayVBl. 2001, 624.

101) LT-Drucks. 15/10181, S.23.

102) 독일의 행정법원법 제80조 제5항 제4문은 「집행정지효의 회복은 담보의 제공 혹은 다른 부담에 의존시킬 수 있다」고 규정하고 있다(譯註).

103) 독일의 연방헌법재판소법 제32조는 제1항에서 「연방헌법재판소는 다툼이 있는 경우에 가명령이 중대한 손해의 예방, 임박한 폭력의 저지 혹은 공공복리를 위한 그 밖의 중대한 이유에서 급박하게 요청되는 경우에는 가명령을 통하여 어떠한 상태를 잠정적으로 규율할 수 있다」라고 규정하고 있다(譯註).

이 위법하다는 것을 확정하는 (원-)행정행위[(原-)行政行爲, (Grund-) Verwaltungsakt][104]로서의 해산처분(解散處分, Auflösungsverfügung)은 의무적으로 행하여져야 한다. 그러나 해산처분의 집행을 위하여 행정강제를 행하여만 하는 경우 어떠한 강제수단을 사용할 것인지는 경찰의 재량에 맡겨져 있다. 잠재적 폭력성을 가진 집회가 확대되지 않도록 하기 위하여 전술적 차원에서 집회의 즉시해산에 반대할 수 있다. 집회의 해산이 비례의 원칙에 합치되지 않는 수단을 통하여서만 행해질 수 있을 때에도 마찬가지이다.[105]

bb) 극우주의자들의 집회의 특수성

집회의 주제선택, 집회장소와 집회의 양상에 있어 역사적인 나치시대의 퍼레이드의 특징을 점점 더 강하게 닮아가고 있는 '극우주의자들의 집회'(rechtsextremistische Versammlung)는 최근 몇 년간 계속하여 늘어나고 있다. 이 같은 극우주의자들의 집회는 나치의 폭력적 지배와 자의적(恣意的) 지배(Gewatl- und Willkürherrschaft)를 찬양하거나 경시하며, 의식적 선동을 통하여 나치의 희생자들에 대한 추모의 념을 참을 수 없을 정도로 무시하고, 국민들 특히 평화롭게 살고 있는 희생자의 후손들의 감정을 뒤흔든다. 또한 이 경우 시위의 신고는 의식적으로 나치의 지배를 상기하게 만드는 일시(日時)에, 그를 상기하게 만들려는 동기로 행해지며, 또한 퍼레이드를 위하여 매우 민감한 그리고 상징적인 장소가 의식적으로 선택된다.[106] 극우주의자들의 집회가 이

104) 행정상 강제집행은 행정행위를 통하여 부과된 의무의 불이행을 그 전제로 하는바, 이처럼 행정상 강제집행의 전제가 되는 행정행위를 독일에서는 특히 원행정행위(原行政行爲)라고 부르고 있다(譯註).

105) LT-Drucks. 15/10181, S.24.

렇게 전개되는 것에 대응하여 2005. 3. 24의 연방 「집회 및 시위에 관한 법률과 형법개정을 위한 법률」(BGBl. Ⅰ S.969)을 통하여 연방 「집회 및 시위에 관한 법률」에 제15조 제2항[107]이 새로이 추가되었고, 형법 제130조 제4항[108]의 구성요건이 생겨나게 되었다.[109] 바이에른 집회법은 연방의 입법자가 채택한 방식을 받아들여 그를 더 확대시켰다.

바이에른 집회법 제15조 제1항은 (지금까지의 연방 「집회 및

106) Vgl. BT-Drucks, 15/4832, S.1; 또한 *Scheidler*, BayVBl. 2005, 453을 보라.

107) 연방 「집회 및 시위에 관한 법률」 제15조 제2항은 제1문에서 다음과 같이 규정하고 있다:
「집회와 행진은 특히 다음 각호의 요건이 충족된 경우에 한하여 일정한 부담부로 행해질 수 있다. 즉,
1. 집회와 행진이 역사적으로 중요한, 초지역적인 의미를 갖는 곳으로서 나치의 폭정하에서 인간의 존엄에 반하는 처우를 받은 희생자들을 상기하게 만드는 장소에서 행해지고,
2. 처분이 발해지는 시점에서의 구체적인 상황에 따를 때 집회 혹은 행진으로 인하여 희생자들의 존엄이 침해받게 될 염려가 있는 경우」(譯註)

108) 독일 형법 제130조 제4항에 따르면 공연히 혹은 집회에서 나치의 폭정을 승인하거나 찬양하거나 혹은 정당시함으로써 희생자들의 존엄을 해하는 방법으로 공공의 평온을 해치는 자에 대하여는 3년 이하의 징역이나 벌금에 처하도록 하고 있다(譯註).

109) 이에 관하여 자세한 것은 *Scheidler,* BayVBl. 2008, 100; *ders.*, BayVBl. 2005, 453(455ff.); *ders.*, KommunalPraxis spezial 1/2008, 18; *ders.*, KommunalPraxis spezial BY 2005, 204(205); *Nelles*, LKV 2006, 403; *Leist,* NVwZ 2005, 500(501f.); *Poscher*, NJW 2005, 1316(1317); *Schoch*, Jura 2006, 27; *Stohrer*, JuS 2006, 15(16f.); *Enders/Lange*, JZ 2006, 105(106f.)를 보라.

시위에 관한 법률」 제15조 제1항과 마찬가지로) 모든 옥외의 공개집회에 적용된다. 이에 대하여 바이에른 집회법 제15조 제2항의 적용범위는 (연방 「집회 및 시위에 관한 법률」 제15조 제2항과 마찬가지로) 극우주의자들의 집회에 국한된다. 연방 「집회 및 시위에 관한 법률」 제15조 제2항의 내용이 동 규정은 독립한 '수권의 근거'(授權의 根據, Ermächtigungsgrundlage)로 이해되어서는 아니 되고 단지 연방 「집회 및 시위에 관한 법률」 제15조 제1항의 "공공의 안녕과 질서"라는 불확정 법개념을 특정한 장소에서 개최되는 신나치주의자들의 집회와 관련하여 구체화시키고 있을 뿐이라는 것을 암시하는 것에 반하여,[110] 바이에른의 입법자는 바이에른 집회법 제15조 제2항이 독립한 수권의 근거로 이해되어져야 한다는 것을 분명하게 하고 있다: 제1항이 일반적 권한을 규정하고 있는 것에 비하여, 제2항은 특별한 권한을 규정하고 있는바, 이것은 제2항의 첫 문장에 있는 "특히"(insbesondere)라는 단어를 통하여 분명하게 알 수 있다.[111]

바이에른 집회법 제15조 제2항은 집회를 제한하거나 금지시킬 수 있는 2가지의 요건에 관하여 규정하고 있는바, 하나는 바이에른 집회법 제15조 제2항 제1호에, 다른 하나는 바이에른 집회법 제15조 제2항 제2호에 의하여 규율되고 있다.

---

110) BT-Drucks, 15/4832, S.1과 BT-Drucks, 15/5051, S.1과 관련된 *Scheidler*, KommunalPraxis spezial 1/2008, 18; *ders*., BayVBl. 2005, 453(456); 연방 「집회 및 시위에 관한 법률」 제15조 제2항이 동조 제1항에 대하여 특별법적 지위에 있다고 하여 반대의 견해를 취하는 것으로는 *Schoch*, Jura 2006, 27(29); *Stohrer*, JuS 2006, 15(17).

111) LT-Drucks. 15/10181, S.22.

바이에른 집회법 제15조 제2항 제1호, 즉 집회를 제한하거나 금지시킬 수 있는 첫 번째 요건은 우선 집회가 그것이 갖는 중요한 상징성(象徵性, Symbolkraft)으로 인하여 나치의 지배를 상기하게 만드는 의미를 갖고 있는 일시(日時)나 장소에서 행하여지는 것을 기준으로 하고 있는바, 따라서 상징적인 장소에서의 집회에 국한하여 규율하고 상징적인 일시에 대하여는 언급하고 있지 않은 연방의 「집회 및 시위에 관한 법률」 제15조 제2항 제1호[112]를 넘어서고 있다. 바이에른 집회법 제15조 제2항 제1호에서 말하는 나치의 지배를 상기하게 만드는 의미를 갖고 있는 일시(日時)나 장소에는 예컨대 4월 20일(Adolf Hitler의 생일), 9월 1일(폴란드 침공일), 11월 9일[제국학살의 밤(帝國虐殺의 밤, Reichspogromnacht)[113]] 및 나치강제수용소(Konzentrationslager)가 있었던 다하우(Dachau)나 플로센뷔르크(Flossenbürg) 와 나치의 전당대회가 열렸던 뉘른베르크(Nürnberg)가 속한다.[114] 상징적 의미를 가진 장소 이외에 일시(日時)를 집회를 금지하거나 제한하는 기준으로 삼은 것은 연방헌법재판소의 판례[115]에 따른 것인바, 이에 따르면 상징적 의미를 가진 일시에 단지 시간적으로 근접한 것만으로는 충분하지 못하다.[116] 상징적 의미를 갖는 장소나 일시에 집회를 개최하는 것

---

112) 이에 관하여는 *Scheidler*, BayVBl. 2005, 453(455f.); *ders*., Kommunal Praxis BY 2008, 122(127)을 보라.

113) 1938년 11월 9일 밤에 NSDAP(Nationalsozialistische Deutsche Arbeiterpartei의 略語로 민족사회주의 독일노동당을 의미한다)의 당원들과 그 추종자들은 유대인 상점, 집, 교회를 엄습하여 많은 유대인들을 죽였는바, 이를 '제국학살의 밤'이라고 부른다(譯註).

114) LT-Drucks. 15/10181, S.22.

115) Vgl. BverfGE, Beschl. v. 26.1.2006, BayVBl. 2006, 348; BverfGE, Beschl. v. 6.5.2005, NVwZ 2005, 1055.

116) BverfGE, Beschl. v. 26.1.2006, BayVBl. 2006, 348.

자체만으로는 집회를 금지하거나 제한하는 처분을 정당화시키지 못한다. 오히려 다음과 같은 2가지 요건 중 어느 하나의 요건을 충족시켜야만 한다: 즉, 희생자들의 존엄성이 침해받을 염려가 있거나(바이에른 집회법 제15조 제2항 제1호 a), 기본적인 사회적 가치관이나 윤리관에 대한 현저한 침해가 발생할 직접적 위험(unmittelbare Gefahr)이 존재하여야만 한다(바이에른 집회법 제15조 제2항 제1호 b). 후자에 대하여는 이것이 너무 불명확하다는 반론이 제기된 바 있다.[117] 그러나 이러한 반론에 대하여는 입법자는 이러한 불확정 법개념의 윤곽을 충분히 설정하고 있는 연방헌법재판소의 판례[118]에 따르고 있다는 반론을 제기할 수 있다. 특정한 일시나 장소에서의 집회에 선동적 효과가 부여되고, 그것이 국민 대다수가 그 집회를 단지 부담스럽다거나 불쾌하다고 여기는 것이 아니라 참을 수 없는 것이라고 여기게 되는 결과를 가져오는 경우에는, 기본적인 사회적 가치관이나 윤리관에 대한 현저한 침해가 발생한 것이라고 할 수 있다. 예컨대 집회의 참가자들이 확실한 역사적 사실을 대량적으로 왜곡시키기 위하여 혹은 나치시대의 의식(예컨대 나치돌격대의 행진)을 다시금 부활시키기 위하여 특정한 일시와 장소를 악용하는 경우에 전술한 바와 같은 현저한 침해의 존재가 인정될 수 있다.[119]

바이에른 집회법 제15조 제2항 제2호의 전제조건이 존재하는 경우에도 집회가 금지될 수 있다. 이 규정은 2005년 3월 24일의 「집회법과 형법개정을 위한 법률」을 통하여 새로이 규정된 형법

117) 2008년 5월 26일의 SPD의원들의 개정신청, LT-Drucks. 15/10669, S.6.

118) *BVerfG*, Entschl. v. 26.1.2001, NJW 2001, 1409.

119) LT-Drucks. 15/10181, S.22.

제130조 제4항을 생각하게 만드는바, 그에 따르면 공개적으로 혹은 집회에서 나치의 폭력적이고 자의적인 지배를 승인, 찬양, 정당시함으로 인하여 희생자들의 존엄성을 침해하는 방법으로 공공의 평온(öffentlicher Frieden)을 해치는 자를 처벌하도록 되어 있다.[120] 집회의 진행 중에 그러한 범죄행위가 실현될 구체적 위험이 존재하는 경우, 지금까지의 법상황에 따르면 권한 있는 행정청은 연방의 「집회 및 시위에 관한 법률」 제15조 제1항에 따라 공공의 안녕에 대한 위험이라는 관점에서 그 집회를 금지시킬 수 있었다; 바이에른 집회법 제15조 제1항도 마찬가지이다. 그러나 바이에른 집회법의 규율은 바이에른 집회법 제15조 제2항 제2호에서 그를 넘어서고 있다: 형법 제130조 제4항은 결과범(結果犯, Erfolgsdelikt)으로 구성되어 있다. 즉, 동조상의 범죄의 구성요건은 ―그 밖의 다른 전제조건이 존재하는 경우에― 실제로 공공의 평온이 해하여진 경우에 한하여 충족된다.[121] 이러한 구성요건적 징표는 윤곽을 잡기가 어렵고, 따라서 집회행정청이 예측적 판단을 행함에 있어 중대한 문제를 발생시킨다.[122] 따라서 바이에른의 입법자는 바이에른 집회법 제15조 제2항 제2호에서 그러한 요건을 포기하였으며, 따라서 ―형법 제130조 제4항의 구성요건과 달리

120) 이 규정의 합헌성(合憲性, Verfassungsmäßigkeit)과 (합헌성은 긍정된다) 개개의 구성요건에 대한 해석에 관하여는 *BayVGH*, Urt. v. 26.3.2007, BayVBl. 2008, 109를 보라; 이에 관하여 상세한 것은 *Scheidler,* BayVBl. 2008, 100을 보라; 바이에른 상급행정법원(BayVGH)의 견해는 *BVerwG*, Urt. v. 25.6.2008 - 6 C 21.07에 의하여 승인되었다.

121) *Scheidler*, BayVBl. 2008, 100(103f.); 또한 *BayVGH*, Urt. v. 26.3.2007, BayVBl. 2008, 109(113); *BVerwG*, Urt. v. 25.6.2008 - 6 C 21.07을 보라.

122) LT-Drucks, 15/10181, S.1.

— 바이에른 집회법에서는 공공의 평온에 대한 장해는 문제가 되지 않는다. 그러므로 바이에른 집회법 제15조 제2항 제2호에 의하면 처분을 발하는 시점에서 인식할 수 있는 사정을 고려할 때 집회를 통하여 나치의 폭정을 승인, 찬양, 정당시하거나 경시하도록 만들고,[123] 그에 덧붙여 희생자들의 존엄성을 침해할 직접적 위험이 존재하는 것[124]만으로 집회를 제한하거나 금지시킬 수 있다. 형법 제130조 제4항의 해석에 있어서 나타나는 문제, 즉 나치의 지배에 대한 찬양 등이 나치즘을 이끌었던 대표자에 대한 추모라는 방식으로도 나타날 수 있는지 여부[125]에 관하여 바이에른 집회법 제15조 제2항은 이를 명시적으로 긍정하고 있다. 이러한 입장은 타당하다고 생각되는바, 왜냐하면 법률의 내용이 명시적으로 강조하고 있는 것과 같이 지배(支配, Herrschaft)는 언제나 사람에 의하여 행해지고, 독재(獨裁, Diktatur)는 언제나 특별한 방법으로 사람을 통하여 각인되어지기 때문이다.[126] 바이에른 집회

---

123) 이러한 구성요건적 징표에 관하여 자세한 것은 LT-Drucks, 15/10181, S.23을 보라; 또한 vgl. (형법 제130조 제4항의 등일한 구성요건적 징표에 관하여는) BT-Drucks, 15/5051, S.5; *Scheidler*, BayVBl. 2005, 453(456).

124) 이에 관하여는 LT-Drucks, 15/10181, S.23을 보라; 또한 vgl. *Scheidler*, BayVBl. 2008, 100(103); *BayVGH*, Urt. v. 26.3.2007, BayVBl. 2008, 109(113); *BVerwG*, Urt. v. 25.6.2008 - 6 C 21.07.

125) *Scheidler*, BayVBl. 2005, 453(458)은 이미 이를 긍정하겼었으며, *BayVGH*, Urt. v. 26.3.2007, BayVBl. 2008, 109(112) 역시 이에 동조하고 있었다; 이제는 *BVerwG*, Urt. v. 25.6.2008 - 6 C 21.07에 의하여서도 받아들여지고 있다. 반대의 견해로는 *Leist*, NVwZ 2005, 500(503).

126) *BayVGH*, Urt. v. 26.3.2007, BayVBl. 2008, 109(112)의 논거를 원용하고 있는 LT-Drucks, 15/10181, S.23; 또한 *Scheidler*, BayVBl. 2008, 100(103)을 보라.

법 제15조 제2항 제2호에 나타나는 나치의 폭정을 "승인한다"(billigen), "찬양한다"(verherrlichen), "정당시한다"(rechtfertigen)와 "경시한다"(verharmlosen)라는 개념은 다음과 같이 이해되어야 한다:

— '승인한다'는 것은 나치지배하에 범하여졌던 인권침해를 인정한다는 것을 의미한다. 이 경우에 있어서의 승인이 무조건적인 동의의 형식으로 표현될 필요는 없다. 예컨대 나치의 폭정을 특징짓는 중대한 범죄행위를 유감스럽기는 하지만 불가피한 것으로 보는 것만으로 충분하다. 이 경우 집회참가자의 의사표현이 구체적인 행위에 관한 것일 필요는 없으며, 그것이 결론적으로 —예컨대 책임있는 자에 대한 가치판단을 통하여— 나치 지배하에 행하여졌던 인권침해에 대한 긍정적 평가를 이루는 것만으로 충분하다.[127)]

— '찬양한다'는 것은 나치의 지배를 위대한 것, 존경할 만한 것 혹은 영웅스러운 것으로 기리는 것을 말한다. 여기서의 '찬양한다'라는 것을 단지 나치 지배하에 이루어진 불법적 만행을 직접적으로 찬양하는 것만으로 이해하여서는 아니 되며, 표현이 나치의 지배에 대한 긍정적 평가를 내용으로 하거나 불법적 만행과 그에 대한 책임자를 표현함에 있어 긍정적인 평가에 중점을 두는 것만으로도 충분하다. 이것은 예컨대 집회가 불법적 만행의 책임자와 나치 지배의 상징물을 찬미하거나 특히 강조하는 방식으로 표현될 수 있다.[128)]

127) LT-Drucks, 15/10181, S.23.

— ‘정당시한다’라는 구성요건적 징표는 나치의 지배를 특징짓는 인권침해를 필요한 조치였었다고 변호하는 것을 말한다. 이는 인권침해에 대해 책임있는 자의 행동양식이 옳은 것이었다 혹은 정당한 것이었다라고 표현하는 방식으로 나타날 수 있다.[129]

— ‘경시한다’라는 개념은 집회의 참가자가 나치지배하에 행하여졌던 인권침해를 축소왜곡하여 인간생활에 있어 그러한 인권침해는 일상적인 것이거나 혹은 당시의 상황하에서는 받아들일 수 있는 행동양식이었다라고 표현하는 것을 전제로 한다.

바이에른 집회법 제15조 제2항은 행정청이 행하는 위험예측(Gefahrenprognose)[130]과 관련하여 상이한 요구를 하고 있다: 즉, 바이에른 집회법 제15조 제2항 제1호 a의 경우에는 희생자들의 존엄성이 침해받을 염려가 있다는 것을 인정할 사실적 근거가 존재하는 것만으로 충분한 것에 반하여, 기본적인 사회적 가치관이나 윤리관의 경우에는(바이에른 집회법 제15조 제2항 제1호 b) 그에 대한 현저한 침해가 발생할 직접적 위험이 존재하여야 한다. 이는 구체적인, 사실을 통하여 확인된 위험예측을 그 전제조건으로 한다. 이처럼 위험예측의 정도가 상이한 것은 희생자의 존엄성은 훨씬 더 중요한 보호이익이라는 것과 위협을 받는 손해가 중대하면 중대할수록 손해발생의 개연성(蓋然性, Wahrscheinlichkeit)[131]에

128) LT-Drucks, 15/10181, S.23.

129) LT-Drucks, 15/10181, S.23.

130) LT-Drucks, 15/10181, S.23.

131) 경찰권을 발동하기 위하여는 공공의 안녕 혹은 질서에 대한 구체적 위험이 존재하여야 하는바, 이 경우 구체적 위험(konkrete

대한 요구가 낮아진다[132]는 것에서 그 이유를 찾을 수 있다.[133] 바이에른 집회법 제15조 제2항 제2호 역시 ―바이에른 집회법 제15조 제2항 제1호a의 경우와 달리― 희생자들의 존엄성을 침해할 직접적 위험을 요구하고 있다. 이처럼 동일한 보호법익(희생자들의 존엄성)이 문제됨에도 불구하고 위험예측의 정도를 달리 하는 것은 제2호의 경우 ―제1호의 경우와 달리― 일반적으로 집회를 제한하는 처분이 가능한 것이 아니라 단지 집회의 금지만이 가능하다는 것에서 그 이유를 찾을 수 있다. 따라서 제2호의 경우에는 위험예측의 정도가 훨씬 엄격하게 요구된다.[134]

e) 바이에른 집회법 제16조의 보호장구의 금지와 복면금지

aa) 원 칙

바이에른 집회법 제16조는 연방의 「집회 및 시위에 관한

Gefahr)이란 구체적인 경우에 있어서 실제로 혹은 일반적으로 (事前的) 관점에서 경찰공무원의 합리적 판단에 따를 때 가까운 장래에 손해가 발생할 '충분한 개연성'이 있는 상태를 의미한다. 이처럼 구체적 위험이 존재한다고 하기 위하여는 손해발생의 충분한 개연성이 존재하여야 하므로, 단순한 추정 내지 약간의 가능성만으로는 충분하지 않다. 그러나 이것이 손해의 발생이 확실할 것을 요구하는 것은 아니다. 이 같은 점을 고려할 때 결국 손해발생의 개연성은 손해발생의 확실성과 단순한 가능성 사이의 광범위한 중간영역이라고 할 수 있다(譯註).

132) 이처럼 침해가 예견되는 법익이 중요하고 고차원적인 것일수록 손해발생의 개연성에 대한 요구는 적어진다는 것을 독일의 경우 Je-desto-Regel이라는 이름하에 설명하고 있다(譯註).

133) 집회법에 있어서 행정청의 위험예측에 관하여 일반적인 것은 *Ebert*, Thür.VBl. 2007, 25(27f.)를 보라.

134) LT-Drucks, 15/10181, S.23.

법률」 제17a조의 보호장구(保護裝具, Schutzwaffe)의 금지와 복면금지(腹面禁止, Vermmungsverbot)[135]를 받아들이고, 지금까지 연방의 「집회 및 시위에 관한 법률」 제27조 제2항 제3호에서 규율하고 있던 금지, 즉 옥외집회 혹은 그 밖의 옥외행사에 연하여 혹은 그와 관련하여 보호장구의 금지와 복면금지에 위반하여 타인과 함께 공동체의 평화를 해하는 행위를 하는 것에 대한 금지에 관하여 동조 제2항 제3호에서 그를 보충하고 있다. 바이에른 집회법 제16조 제1항에 따르면 옥외집회와 그 밖의 옥외행사"에서"(bei)[136]뿐만 아니라 옥외집회와 그 밖의 옥외행사와 "관련하여"(im Zusammenhang mit)서도 보호장구의 금지가 적용되는바, 그 한도에서 연방의 「집회 및 시위에 관한 법률」 제17a조와 비교하여 볼 때 바이에른 집회법상의 보호장구의 금지의 적용영역은 확대되어 있다. 따라서 보호장구의 금지는 집회와 행사의 전후(前後), 즉 시발이 되는 집회(Ausgangversammlung)와의 관련성이 존재하는 한 집회를 위하여 모여들거나 집회를 마친 직후 떠나가는 동안에까지 미친다.[137]

보호장구의 개념은 무기법(武器法, Waffengesetz)상의 무기

---

135) 복면금지의 문제, 특히 동 제도의 우리나라에의 도입필요성과 관련하여서는 이미 많은 논의가 있었던바, 대표적인 것으로는 vgl. *이성용*, 집시법상의 복면시위금지, 한국경찰연구, 제7권 제2호, 2008, 93쪽 이하; *최병각*, 복면시위의 금지·처벌과 그 한계, 한국경찰법학회 제27차 학술회의(2008) 발표요지, 21쪽 이하(譯註).

136) 옥외집회와 그 밖의 옥외행사"에서"라고 할 때 "에서"(bei)는 독일어의 "während"라고 이해하여야 하는바, 이는 집회와 행사가 진행되는 동안, 즉 집회의 지속을 의미한다, LT-Drucks, 15/10181, S.24.

137) LT-Drucks, 15/10181, S.24.

(Waffen)의 개념과는 아무런 관련이 없는바,[138] 이는 무기법상의 무기를 소지하는 것은 바이에른 집회법 제6조에 의하여 이미 금지되어 있기 때문이다. 오히려 바이에른 집회법 제16조 제1항에서의 보호장구는 그 물건의 목적이나 구조적 특징 혹은 그의 속성을 고려할 때 싸움이 벌어진 경우 타인의 공격으로부터 자신의 신체를 보호하기 위한 물건, 예컨대 철모, 방패, 보호마스크, 방독면 등을 말한다. 보호장구로 적합한 물건과 상황에 따라 행정청의 집행조치에 저항하기 위하여 사용될 수 있는 물건이라고 할 수 있으려면 그 성질상 객관적으로 보호장구와 동일한 목적으로 사용하기에 적합하여야 한다(예: 오토바이용 헬멧, 안전작업복, 솜 등의 충전재가 들어 있는 특별한 의복 등); 또한 이들 물건을 행정청의 직접강제(直接强制, unmittelbarer Zwang)에 대항하기 위한 보호장구로 사용하고자 하는 소지자의 의도가 있어야 한다.[139] 바이에른 집회법 제16조 제2항의 복면금지는 본질적으로 연방의 「집회 및 시위에 관한 법률」 제17a조 제2항과 동일하다.

bb) 예　외

연방의 「집회 및 시위에 관한 법률」제17a조 제3항 제2문의 경우와 마찬가지로 바이에른 집회법 제16조 제3항 역시 공공의 안녕 혹은 질서에 대한 위험이 발생할 우려가 없는 경우에는 보호장구의 금지와 복면금지에 대한 예외로서 권한 있는 행정청이

---

138) 이러한 설명은 보호장구에 해당하는 독일어가 Scutuz‘waffen’이기 때문에 무기를 의미하는 Waffen과 혼동할 수 있다는 점을 고려한 설명으로 생각되는데, 본서(本書)에서처럼 Scutuzwaffen을 그 내용을 고려하여 보호장구라고 번역하게 되면 이러한 설명은 아무런 의미가 없는 것이 될 수 있다(譯註).

139) LT-Drucks, 15/10181, S.24.

그를 허용할 수 있음을 규정하고 있다. 이러한 보호장구금지와 복면금지에 대한 해제유보(解除留保, Befreiungsvorbehalt)는 보호장구의 금지와 복면금지의 내용을 기본권친화적으로 형성해 나가는데 도움이 된다. 이처럼 예외적으로 보호장구와 복면을 허용할 수 있는 요건이 존재하는 경우에는 권한 있는 행정청은 특별한 신청이 없어도 금지를 해제할 수 있다.[140] 보호장구의 금지와 복면금지는 바이에른 집회법 제16조 제4항에 따라 옥외예배, 종교적 축제행렬, 성지순례행렬, 장례행렬, 결혼축하행렬과 전통민속축제에는 처음부터 적용되지 아니한다. 옥외예배, 종교적 축제행렬, 성지순례행렬, 장례행렬, 결혼축하행렬과 전통민속축제에는 연방의 「집회 및 시위에 관한 법률」의 몇몇 규정(제14조 내지 제16조)이 적용되지 않는다는 연방의 「집회 및 시위에 관한 법률」 제17조는 바이에른 집회법 제2조 제1항에서 집회에 관한 입법적 정의를 내림으로 인하여 의미를 상실하게 되었다; 법의 개정은 그와는 관련이 없다.[141]

| 5 | 평화구역의 특수성

a) 원 칙

2008년 9월 30일을 기하여 1952년 3월 7일의 「바이에른 의사당(議事堂, Landtagsgebäude)의 평화에 관한 법률」과 1969년 4월

140) LT-Drucks, 15/10181, S.24.

141) LT-Drucks, 15/10181, S.24.

30일의 동법 시행령은 효력을 상실하게 되었다(바이에른 집회법 제28조 제1항 제3문 제1호와 제2호). 그를 대신하여 이제는 바이에른 집회법 제4장이 바이에른 의사당의 보호를 위하여 평화구역(平和區域, der befriedete Bezirk)을 형성하는 규정을 갖게 되었다(바이에른 집회법 제17조 내지 제19조). '명확성의 원칙'(Bestimmungsgebot)을 고려하여 바이에른 집회법 제17조 제2문은 평화구역이 정확히(genau) 어떤 구역을 포함하는지를 정확하게(exakt) 규정하고 있다. 바이에른 집회법 제18조에 따르면 평화구역 내에서는 옥외집회가 금지된다; 평화구역 내에서의 옥외집회를 호소하는 것 또한 금지된다. 평화구역에 관한 규정은 (특히 비평화적으로 진행되는 집회로부터) 바이에른 의회의 업무와 기능을 보호하는 것을 그 목적으로 한다. 의회의 기능은 그의 구성원을 물리적 영향으로부터 보호하는 것 이외에 의원들의 의사결정의 자유를 감수하기 곤란한 간접적 영향으로부터 보호하는 것 또한 포함한다. 예컨대 의사당 근처에서 행해지는 감정적으로 격앙된 대규모시위에서 언어상의 폭력 혹은 위협적 장면을 통하여 협박분위기가 형성될 수 있다면, 그것은 의원들의 의사결정의 자유를 침해하는 것이 된다.[142)]

b) 예 외

바이에른 집회법 제19조 제1항에 의하면 금지되지 않은 옥외집회는 평화구역 내에서 허가를 받아 행할 수 있다. 그에 따른 집회허가의 신청에 대하여는 내무부가 란트의회의 의장과 합의하여 결정을 행한다(바이에른 집회법 제19조 제3항). 평화구역에서의 집회허가는 일반적으로 의회와 교섭단체 및 그의 기관과 위원회

---

142) LT-Drucks, 15/10181, S.25.

의 활동이 침해받을 염려가 없고, 평화구역 내에 있는 건물에의 자유로운 출입이 저지될 위험이 없는 경우에 한하여 고려된다. 집회가 의회의 회의가 없는 날에 행해지는지 혹은 회의가 있는 날에 행해지는지 여부가 허가여부에 대한 판단기준이 될 수 있다.[143] 평화구역 내에서의 집회허가는 처음부터 단지 바이에른 집회법 제15조에 따라 '크라이스 행정청'(Kreisverwaltungsbehörde)에 의하여 금지되지 않은 집회에 대하여만 고려되는바, 이는 바이에른 집회법 제19조 제4항에 의하여 바이에른 집회법의 다른 규정, 특히 제13조 내지 제15조는 여기서의 허가에 의하여 영향을 받지 아니하기 때문이다. 또한 바이에른 집회법 제19조 제4항에서 밝혀지는 것처럼 내무부는 단지 평화구역 내에서 집회에 대한 특별한 조건으로서의 허가에 관하여 결정할 뿐이다. 그 밖의 다른 모든 집회법상의 조치, 특히 집회의 금지나 제한에 대하여는 여전히 크라이스 행정청이 권한을 갖고 있다.

| 6 | 형벌규정과 과태료규정

바이에른 집회법 제20조는 연방의 「집회 및 시위에 관한 법률」 제21조 내지 제28조가 정하고 있는 범죄의 구성요건을 그대로 받아들이고 있다. 다만 동조는 그들 구성요건을 하나의 형벌조문으로 요약하여 규정하고, 체계화시키고 있으며, 양형과 관련된 모순을 해결하고 있다. 연방의 「집회 및 시위에 관한 법률」 제29조와 제29a조를 받아들이고 있는 바이에른 집회법 제21조의

143) LT-Drucks, 15/10181, S.25.

경우 역시 그러하다. 바이에른 집회법 제21조에 따른 질서위반행위(秩序違反行爲, Ordnungswidrigkeiten)에 대한 수사와 처벌에 관하여는 특별한 권한규정이 요구되지 않는바, 왜냐하면 ―지금까지와 마찬가지로― 그러한 권한이 어디에 있는지는 바이에른 집회법 제24조 제2항과 관련된 「질서위반행위에 관한 권한에 관한 법률」(ZuVOWiG)[144] 제1조 제1문의 권한에 관한 규정으로부터 밝혀지기 때문이다. 그에 따르면 집회가 개최되기 전까지는 크라이스 행정청이, 집회가 개최된 이후에는 경찰이 질서위반행위에 대한 수사와 처벌에 관하여 권한을 가진 행정청이 된다.[145]

| 7 | 종결규정

a) 관할, 바이에른 집회법 제24조

바이에른 집회법 제24조는 2008년 9월 30일에 폐지되는(바이에른 집회법 제28조 제1항 제3문 제3호) 「연방 집회와 행진에 관한 법률의 시행을 위한 법률」의 집회행정청에 관한 지금까지의 관할규정을 그대로 받아들이고 있다. 따라서 바이에른 집회법 제24조 제2항 제1문에 따라 집회가 개최되기 전까지는 크라이스 행정청이 집회에 관한 권한을 가진 행정청이 되며, 집회가 개최됨과 함께 ―지금까지와 마찬가지로― 그 권한은 경찰에게 이전된다. 바이에른 집회법 제24조 제2항 제2문은 이 규정을 보충하여 급박한

144) ZuVOWiG는 "Verordnung über Zuständigkeit im Ordnungswidrigkeitenrecht"의 약어(略語)이다(譯註).

145) LT-Drucks, 15/10181, S.26.

경우에 있어서의 경찰의 개입권한을 규정하고 있는바, 그에 따르면 급박한 경우에 있어서는 경찰이 집회개최 이전에도 크라이스 행정청을 대신하여 조치를 취할 수 있다. 초지역적 집회(超地域的集會, überörtliche Versammlungen)회에 대하여는 바이에른 집회법 제24조 제4항의 특별규정이 적용된다.

b) 집행부정지의 원칙, 바이에른 집회법 제25조

바이에른 집회법 제25조는 바이에른 집회법에 따라 발하여진 행정행위에 대한 소송에 집행정지효(執行停止效, aufschiebende Wirkung)가 인정되지 않음을 규정하고 있다. 집회의 개최 전에 집회를 제한하거나 금지시켜야 할 필요성은 너무 갑작스럽게 발생하기 때문에 집회가 개최될 때까지 남아있는 시간 내에 행정법원을 통한 소송절차를 밟을 수 없는 것이 일반적이다. 바이에른 집회법 제25조는 이러한 사정을 고려하고 있다. 일반적으로 위험방지를 위하여 필요한 작용은 행정청에게 시간적 여유를 허락하지 않는다. 따라서 권한 있는 크라이스 행정청의 작용은 즉시집행가능성(sofortige Vollziehbarkeit)과 관련하여서는 경찰의 작용과 동일하게 다루어진다. 집회에 관한 권한을 가진 행정청이 작용을 행하는 경우와 경찰이 작용을 행하는 경우 간에 어떠한 차이도 존재하여서는 아니 된다. 행정법원에 대한 긴급구제절차(Eilverfahren)에 의하든, 사후적으로 계속적 확인의 소(繼續的 確認의 訴, Fortsetzungsfeststellungsklage)[146]에 의하든 권리구제절차를 밟을 것

146) 독일의 행정법원법 제113조 제1항 제4문은 법원은 원고가 그의 확인에 대한 정당한 이익을 갖고 있는 경우에는 이미 소멸된 행정행위가 위법했었다는 것을 선언하도록 규정하고 있다. 즉, 동 규정은 이미 행정행위가 소멸된 경우에는 그의 취소를 구할 권리보호의 필요

인지 여부는 관계인에게 맡겨져 있다.[147)]

c) 비용, 바이에른 집회법 제26조

2007년 10월 25일의 결정을 통하여 연방헌법재판소는 「집회법상의 부담(Auflage)에 대하여 주최자에게 비용부담의무를 과하는 것은 간접적으로 집회의 자유를 침해하는 것이고, 집회의 주최자 스스로가 공공의 안녕 혹은 질서에 대한 구체적 위험(具體的 危險, konkrete Gefahr)[148)]에 대해 책임을 져야 하는 경우에만 정당화될

성이 존재하지 않는다는 것을 고려하여 이 경우에는 단지 소멸된 행정행위가 위법했었다는 것에 대한 확인소송을 제기할 수 있도록 하고 있는 것이다. 따라서 이 경우의 확인소송은 행정행위의 소멸 이후에도 소송을 계속할 필요성이 있다는 것에 대한 확인을 구한다는 점에서 그 밖의 확인소송과는 그 성격을 달리하는바, 이런 점을 고려하여 독일에서는 이러한 소송을 특히 Fortsetzungsfeststellungsklage 라고 부른다(따라서 확인소송에 관하여 규정하고 있는 독일 행정법원법 제43조는 Fortsetzungsfeststellungsklage에 관하여는 규정하지 않고 있다). 결국 Fortsetzungsfeststellungsklage는 '행정행위가 소멸된 이후에도 소송을 계속할 필요성이 있다는 것에 대한 확인소송'을 의미한다고 할 것인바, 여기에서는 이 같은 점을 고려하여 Fortsetzungsfeststellungsklage을 '소송계속확인소송'이라고 번역하기로 한다. 다만 우리나라의 경우 Fortsetzungsfeststellungsklage은 일반적으로 '계속적 확인의 소'라고 번역하는 것이 일반적 용어례로 보여진다(譯註).

147) LT-Drucks. 15/10181, S.17.

148) '구체적 위험'이란 구체적인 경우에 있어서 실제로 혹은 일반적으로 사전적(事前的) 관점에서 경찰공무원의 합리적 판단에 따를 때 가까운 장래에 손해가 발생할 충분한 개연성이 있는 상태를 의미한다. 한편 구체적 위험은 경찰명령(Polizeiverordnung)의 제정을 위해서는 그것만으로 충분한 추상적 위험(抽象的 危險, abstrakte Gefahr)

수 있다. 제3자 혹은 다른 집회참가자로부터 야기되는 위험상황을 집회의 주최자에게 귀속시킬 수는 없다」고 판시한 바 있다.[149] 바이에른 집회법 제26조는 이러한 판례의 입장을 받아들여 바이에른 집회법에 따른 직무행위(職務行爲, Amtshandlungen)는 원칙적으로 무료(kostenfrei)로 행하여진다는 것을 분명히 하고 있다; 다만 바이에른 집회법 제6조에 따른 조치에 관한 결정, 즉 원칙적인 무기소지 등의 금지에 대한 예외로서 무기소지 등의 허가에 관한 결정은 예외이다.

과 구분되어야 하는바, 추상적 위험은 특정한 행위 혹은 상태를 일반적-추상적으로 고찰했을 때 손해가 발생할 충분한 가연성이 있다는 결론에 도달하게 되는 경우에 존재한다(譯註).

149) *BVerfG*, Beschl. v. 25.10.2007, BayVBl. 2008, 497(498).

부 록

바이에른 집회법
(Bayerisches Versammlungsgesetz, BayVersG)

— 개 관 (Inhaltsübersicht) —

제1장 총 칙

제 1 조 원 칙
제 2 조 개념의 정의, 적용영역
제 3 조 집회의 주관과 초청
제 4 조 주최자의 의무, 주관자의 권리와 의무
제 5 조 집회참가자의 의무
제 6 조 무기의 금지
제 7 조 유니폼착용금지, 군사적 행위의 금지
제 8 조 질서문란행위의 금지, 선동금지
제 9 조 정보수집, 사진촬영과 녹음 및 그의 저장, 조망촬영과 촬영물의 저장

제2장 옥내집회

제10조 주최자의 권리와 의무
제11조 질서문란자의 배제, 가택권
제12조 제한, 금지, 해산

제3장 옥외집회

제13조 신고의무와 통지의무
제14조 협 력
제15조 제한, 금지, 해산
제16조 보호장구의 금지와 복면금지

제4장 평화구역

제17조 평화구역
제18조 란트의회(Landtag)의 보호
제19조 집회의 허가

제5장 형벌 및 과태료규정

제20조 형벌규정
제21조 과태료규정
제22조 몰 수

제6장 종결규정

제23조 기본권의 제한
제24조 관 할
제25조 집행부정지의 원칙
제26조 비 용
제27조 다른 법규의 개정
제28조 효력발생, 실효 및 경과규정

제1장 총　　칙

제1조 (원칙)

(1) 모든 사람은 평화적으로, 그리고 무기를 소지하지 않고 공개적으로 다른 사람과 집회를 행할 권리를 갖는다.

(2) 다음 각 호에 열거된 자들은 집회의 자유를 갖지 못한다.

1. 독일기본법 제18조[1]에 따라 집회의 자유를 박탈당한 자
2. 집회를 진행하거나 집회에 참가함으로써 독일기본법 제21조 제2항[2]에 따라 헌법재판소에 의해 위헌결정을 받은 정당 혹은 그 정당의 부분조직 내지 대체조직의 목적을 달성하고자 하는 자
3. 독일기본법 제21조 제2항에 따라 헌법재판소에 의해 위헌결정을 받은 정당
4. 독일기본법 제9조 제2항[3] 혹은 결사법(結社法, Vereinsgesetz)에

---

1) 독일기본법 제18조는 기본권의 失效란 제목하에 「의사표현의 자유, 특히 신문(新聞)의 자유(제5조 제1항), 교수(教授)의 자유(제5조 제3항), 집회의 자유(제8조), 결사의 자유(제9조), 서신・우편 및 전신의 비밀(제10조), 재산권(제14조) 또는 망명권(제16a조)을 자유민주적 기본질서에 대한 공격을 위해 남용하는 자는 이러한 기본권을 상실한다. 실효와 실효의 범위는 헌법재판소가 결정한다」고 규정하고 있다(譯註).

2) 독일기본법 제21조 제2항은 「그의 목적 혹은 그의 지지자들의 행동에 비추어 볼 때 자유민주적 기본질서를 침해 또는 배제하거나 독일연방공화국의 존립을 위태롭게 하려고 하는 정당은 위헌이다. 위헌의 문제에 관하여는 연방헌법재판소가 결정한다」고 규정하고 있다(譯註).

3) 독일기본법 제9조 제2항은 「그 목적이나 활동이 형법에 반하거나 헌법질서 혹은 국제적 합의에 반하는 결사는 금지된다」고 규정하고

따라 금지된 단체

제2조 (개념의 정의, 적용영역)

(1) 집회란 공동의, 공적인 의사형성을 위한 토론이나 의사표현을 주된 목적으로 하는 적어도 2인 이상의 회합(會合, Zusammenkunft)을 말한다.

(2) 공개집회란 집회에의 참가가 개별적으로 확정된 인적 범위에 국한되지 않는 집회를 말한다.

(3) 다른 규정이 없는 한, 이 법률은 단지 공개집회에만 적용된다.

제3조 (집회의 주관과 초청)

(1) [1]모든 집회에는 자연인인 주관자(Leiter)가 있어야 한다. [2]이 규정은 법 제13조 제4항에 따른 우발적 집회(Spontanversammlung)에는 적용되지 아니한다.

(2) [1]집회는 주최자(Veranstalter)가 주관한다. [2]단체가 집회를 주최하는 경우에는 그 단체를 대표하는 자가 주관자가 된다. [3]주최자는 집회의 주관을 타인에게 위임할 수 있다.

(3) 집회의 공고 혹은 집회에의 초청에는 집회의 시간, 장소, 목적 및 주최자의 성명을 밝혀야 한다.

제4조 (주최자의 의무, 주관자의 권리와 의무)

(1) 집회가 폭력적으로 진행될 실질적 근거가 존재하는 경우에는 주최자는 집회의 개최 전에(im Vorfeld der Versammlung) 이를 저지하기 위하여 필요한 조치를 취하여야 한다.

(2) 주관자는 다음과 같은 권리와 의무를 갖는다. 즉,

있다(譯註).

1. 집회의 진행에 관련된 모든 사항, 특히 발언권의 부여 및 박탈을 결정한다.
2. 집회가 진행되는 동안 집회의 질서를 유지하여야 한다.
3. 집회를 언제든지 종료시킬 수 있다.
4. 집회가 진행되는 동안 언제나 집회현장에 있어야 하며, 권한 있는 행정청과 연락이 가능하여야 한다.

(3) [1]주관자는 집회의 진행 도중에 폭력행위가 행해지는 것을 저지하기에 적당한 조치를 취하여야 한다. [2]제1문의 적당한 조치에는 폭력행위를 자제할 것을 명령하거나 폭력을 행하는 적극가담자를 격리시키는 것이 있을 수 있다. [3]주관자가 그러한 조치를 취할 수 없는 경우에는, 집회의 종결(終結)을 선언하여야 한다.

(4) [1]주관자는 자신의 임무를 행하기 위하여 적당한 수의 성년(成年)의 질서유지인(Ordner)을 둘 수 있다. [2]질서유지인은 "질서유지인"4)이라고 적힌 백색의 완장을 착용하여야 한다; 추가적인 표지는 허용되지 아니한다. [3]주관자는 무기, 그 성질상 타인을 해하거나 물건에 손상을 가져오기에 적합한 물건 혹은 상황에 따라 타인을 해하거나 물건에 손상을 가져올 수 있는 물건을 소지하고 있는 자를 질서유지인으로 임명하여서는 아니 된다.

(5) [1]경찰관이 집회에 출입하는 경우에는 경찰관 혹은 현장책임자

---

4) 바이에른 집회법 제4조 제4항의 규정은 "Ordner" oder "Ordnerin"이라고 하여 "Ordner"(남자질서유지인)와 "Ordnerin"(여자질서유지인)을 구분하여 사용하고 있지만 여기서는 그런 구분 없이 "질서유지인"이라고 번역하기로 한다. 이는 우리나라의 경우 그러한 구분에 민감하지 않다는 사정과 우리나라의 「집회 및 시위에 관한 법률」 또한 '질서유지인'이라는 용어를 사용할 뿐이라는 점(동법 제2조 제4호, 제17조 참조)을 고려한 것이다(譯註).

는 지체 없이 주관자에게 이를 알려야 한다. [2]출입한 경찰관에게는 적당한 자리가 지정되어야 한다.

제5조 (집회참가자의 의무)

(1) 집회참가자는 주관자 혹은 질서유지인의 집회의 진행이나 질서유지를 위한 지시에 따라야 한다.
(2) 집회로부터 배제결정을 받은 자는 지체 없이 집회장소로부터 떠나야 한다.
(3) 집회가 해산명령을 받았을 때에는 모든 참가자는 지체 없이 해산하여야 한다.

제6조 (무기의 금지)

무기, 그 성질상 타인을 해하거나 물건에 손상을 가져오기에 적합한 물건 혹은 상황에 따라 타인을 해하거나 물건에 손상을 가져올 수 있는 물건에 대해서는 권한 있는 행정청의 허가 없이 다음 각호의 행위를 하는 것이 금지된다.

1. 집회에서 소지하는 행위
2. 집회장소로 가는 도중에 소지하거나 운반하는 행위, 혹은 집회에서 사용하기 위하여 준비하거나 배부하는 행위

제7조 (유니폼착용금지, 군사적 행위의 금지)

(1) 공개 혹은 비공개집회에서 공동의 정치적 신념을 표현하기 위하여 유니폼, 유니폼의 일부, 동일한 모양의 의복을 착용하는 것은 그것이 위협적 효과를 가져오는 한도에서 금지된다.
(2) 집회 혹은 그의 일부가 외관상 다음 각호의 어느 하나에 해당하는 것으로 볼 수 있고 그로 인하여 위협적 효과를 가져오게 된다면, 그러한 형태로 공개 혹은 비공개집회에 참가하는

것은 금지된다.

1. 준군사적(paramilitärisch)으로 각인되는 것
2. 폭력적 행위로 나아가려는 인상을 주는 것

第8조 (질서문란행위의 금지, 선동금지)

(1) 공개 혹은 비공개집회에서 또는 공개 혹은 비공개집회와 관련하여서 집회의 평화적인 진행을 방해할 목적으로 질서를 문란케 하여서는 아니 된다.

(2) 특히 다음 각호의 행위는 금지된다.

1. 금지되지 않은 공개 혹은 비공개집회를 저지하거나 해산시키거나 혹은 그의 진행을 곤란케 할 목적으로 폭력을 행사하거나 협박을 하거나 혹은 현저한 장해를 야기하는 것
2. 공개집회에서 자신의 질서유지임무(Ordnungsaufgabe)를 적법하게 수행하고 있는 주관자나 질서유지인에게 폭력 또는 협박을 하는 방법으로 저항하거나 질서유지임무를 수행 중인 주최자나 질서유지인을 폭력을 행사하여 공격하는 것.

(3) 공개 혹은 비공개집회에서 인터넷을 통하여 혹은 문서, 녹음 혹은 녹화테이프, 정보저장장치, 그림 혹은 그 밖의 표현방식의 유포를 통하여 (집행가능한) 금지처분에 의하여 그의 진행이 중지되거나 (집행가능한) 해산명령이 발하여진 집회에의 참가를 공개적으로 촉구하는 것은 금지된다.

第9조 (정보수집, 사진촬영과 녹음 및 그의 저장, 조망촬영과 촬영물의 저장)

(1) [1]경찰은 집회에서 혹은 집회와 관련하여서 집회참가자들로부터 공공의 안녕 혹은 질서에 대한 현저한 위험이 발생할 것이라고 인정할 수 있는 실질적 근거가 있는 경우에 한하여 집회

참가자들에 대한 개인정보를 수집하고 촬영과 녹음을 행하고 그를 저장할 수 있다. [2]이러한 조치는 제3자가 불가피하게 관계될 수밖에 없는 경우에도 행해질 수 있다.

(2) [1]경찰은 경찰투입을 유도하고 지휘하기 위하여 집회장소와 그 주변을 조망촬영할 수 있다. [2]경찰은 경찰이 집회에 대응하여 행한 실질적 조치에 대한 평가를 위하여 필요한 경우에는 조망촬영된 것을 저장할 수도 있다. [3]이들 자료는 경찰의 신임교육(新任教育, Ausbildung)과 재교육(再教育, Fortbildung)을 위한 목적으로도 사용될 수 있다. [4]조망촬영과 녹음의 대상이 된 자의 신원확인은 제1항의 요건이 존재하는 경우에 한하여 허용된다.

(3) 제1항과 제2항에 따른 조치에 대하여는 「바이에른 국가경찰의 직무와 권한에 관한 법률」(PAG) 제30조 제3항이 준용된다.

(4) [1]제1항과 제2항에 의해 수집된 정보, 사진, 녹음, 조망촬영된 촬영물은 집회 혹은 그와 시간적·사항적으로 직접적으로 관련 있는 사건의 종료 후에 지체 없이 삭제 혹은 폐기하여야 한다. 그러나 다음 각호의 경우에는 그러하지 아니하다.

1. 범죄행위에 대한 수사를 위해 필요한 경우
2. 관계인이 집회에서 혹은 집회와 관련하여 범죄행위를 예비하였거나 범죄를 행하였다는 혐의가 있고, 따라서 그로부터 장래의 집회에서 현저한 위험이 발생할 염려가 있기 때문에 구체적인 경우에 있어서 위험방지를 위하여 필요한 경우

[2]그 밖에도 제2항 제2문에 따라 저장된 조망촬영물은 경찰이 집회에 대응하여 행한 실질적 조치에 대한 평가를 위하여 필요한 경우에는 보존될 수 있다. [3]제1문 제2호 혹은 제2문에서 열거된 이유로 삭제되지 않거나 폐기되지 않은 정보, 사진,

녹음, 조망촬영된 촬영물은 그것이 범죄행위에 대한 형사소추를 위하여 필요하게 된 경우가 아니라면, 늦어도 그것이 행해진 후로부터 1년 후에는 삭제 혹은 폐기되어야 한다. [4] 제2항 제2문에 따라 조망촬영된 촬영물은 그것이 경찰의 신임교육 혹은 재교육의 목적으로 사용되는 경우에는 삭제 혹은 폐기하여야 할 의무가 없다; 다만 조망촬영의 대상이 된 자의 신원확인은 조망촬영된 촬영물의 저장이 행해진 1년 후에는 제2항 제4문에도 불구하고 허용되지 않는다.

(5) 형사소송법과 질서위반법에 따른 개인관련정보의 수집권한은 (본조의 규정에 의하여) 영향을 받지 않는다.

제2장 옥내집회

제10조 (주최자의 권리와 의무)

(1) 주최자는 집회에의 초청에서 특정인 혹은 특정한 범위의 사람의 집회참가를 배제시킬 수 있다.

(2) [1] 언론사의 기자(Pressevertreter)가 집회에 출입하는 것은 막을 수 없다. [2] 이 경우 언론사의 기자는 주관자 혹은 질서유지인에게 신분증을 제시하여야 한다.

(3) [1] 주최자는 권한 있는 행정청의 요구가 있는 경우 주관자의 성명, 생년월일, 출생지와 주소와 같은 개인관련정보(persönlich Daten)를 권한 있는 행정청에 알려야 한다. [2] 권한 있는 행정청은 주관자가 집회의 평화적 진행을 위협할 것이라는 실질적 근거가 있는 경우에는 주관자로 적합하지 않음을 이유로 주관자를 거부할 수 있다.

(4) [1] 권한 있는 행정청은 질서유지인이 집회의 평화적 진행을 위

협할 것이라는 실질적 근거가 있는 경우에는 질서유지인으로 적합하지 않음을 이유로 질서유지인을 거부할 수 있다. [2] 권한 있는 행정청은 질서유지인의 수(數)를 제한하거나 주최자에게 질서유지인의 수를 늘릴 것을 명할 수 있다. [3] 권한 있는 행정청은 제1문과 제2문에 의하여 인정되는 그의 권한범위 내에서 주최자에게 질서유지인의 수와 제3항 제1문의 개인관련정보를 알려줄 것을 요구할 수 있다.

제11조 (질서문란자의 배제, 가택권)

(1) 주관자는 질서를 현저히 문란케 하는 자를 집회로부터 배제시킬 수 있다.

(2) 주관자는 가택권(Hausrecht)을 행사한다.

제12조 (제한, 금지, 해산)

(1) 권한 있는 행정청은 다음 각호의 어느 하나에 해당하는 경우에 옥내집회의 진행을 제한하거나 금지시킬 수 있다.

1. 주최자가 제1조 제2항의 요건에 해당하는 경우
2. 주최자 혹은 주관자가 제6조에서 정하고 있는 무기나 그 밖의 물건을 휴대하고 있는 자를 집회에 참가시키려고 한다는 사실이 인정되는 경우
3. 주최자 혹은 그의 추종자가 집회를 폭력적으로 진행시키려고 한다는 사실이 인정되는 경우
4. 주최자 혹은 그의 추종자가 중죄(重罪, Verbrechen) 혹은 직권으로 형사소추가 가능한 경죄(輕罪, Vergehen)[5])를 범하려는

---

5) 여기서 중죄(重罪, Verbrechen)란 1년 이상의 자유형이 부과될 범죄를 말하며, 경죄(輕罪, Vergehen)란 1년 미만의 자유형 혹은 벌금이 부과될 범죄를 말한다(譯註).

의도를 가지고 있거나 그러한 의도를 수인하고 있다는 사실이 인정되는 경우

(2) [1] 권한 있는 행정청은 집회의 개최 이후에 다음 각호의 어느 하나에 해당하는 경우에 집회를 제한하거나 해산시킬 수 있다.

1. 주최자가 제1조 제2항의 요건에 해당하는 경우
2. 집회가 폭력적으로 행해지거나 집회참가자의 생명이나 건강에 대한 직접적 위험(unmittelbare Gefahr)이 존재하는 경우
3. 주관자가 제6조에서 정하고 있는 무기나 그밖의 물건을 휴대하고 있는 자를 즉시 집회에서 배제시키지 않거나 배제결정의 시행을 고려하지 않고 있는 경우
4. 집회의 진행으로 인하여 중죄(重罪, Verbrechen) 혹은 직권으로 형사소추가 가능한 경죄(輕罪, Vergehen)를 대상으로 하는 형법에 반하게 되거나, 집회에서 그러한 범죄행위를 하도록 선동이 이루어지고 있는데 주관자가 이를 지체 없이 중단시키지 않는 경우

[2] 제1문 제2호 내지 제4호에 해당하는 경우에 권한 있는 행정청의 다른 조치, 특히 집회의 중지로는 충분하지 않은 때에 한하여 해산이 행해질 수 있다.

제3장 옥외집회

제13조 (신고의무와 통지의무)

(1) [1] 옥외집회를 주최하고자 하는 자는 이를 늦어도 집회공고 72시간 전에, 제24조 제3항 제1문에서 말하는 초지역적 집회(超地域的 集會, überörtliche Versammlungen)의 경우에는 늦어도 집회공고 96시간 전에 권한 있는 행정청에 신고하여야 한다.

[2] 문서 또는 전자문서로 한 신고만이 유효한 신고가 될 수 있다; 신고는 예정된 집회가 개최되기 2년 전부터만 할 수 있다. [3] 제2항이 요구하는 기재사항에 미비점이 있는 경우에는 권한 있는 행정청은 이를 적시하여 주최자에게 지체없이 브정(補正)할 것을 요구하여야 한다. [4] 집회의 공고(Bekanntgabe)란 주최자가 특정인 또는 불특정인에게 집회의 장소, 시간, 목적을 알리는 것을 말한다.

(2) [1] 신고서에는 다음의 사항이 기재되어야 한다.

1. 집회의 장소
2. 집회의 개최시점과 종료시점
3. 집회의 목적
4. 주최자와 주관자, 제10조 제3항 제1문에서 말하는 주최자와 주관자의 개인관련정보 및 그들의 전화번호(telefonischer Erreichbarkeit)
5. 참가예정인원
6. 집회의 진행
7. 집회의 진행을 위하여 소지하는 물건 및 사용할 기술적 설비
8. 예정하는 질서유지인의 수

[2] 행진(fortbewegende Versammlung)[6)]의 경우에는 예정진로 또한

---

6) 여기서의 행진은 'fortbewegende Versammlung'을 번역한 것이다. fortbewegende Versammlung을 직역하면 '움직이는 집회'가 되겠지만 이러한 표현이 아직 우리나라의 경우 일반화되어 있지 않다고 생각하여 여기서는 이를 의미를 고려하여 행진이라고 번역하기로 하겠다. 한편 우리나라의 「집회 및 시위에 관한 법률」 제6조 제1항 제6호를 고려하면 이를 '시위'(示威)라고 번역하여도 두방할 것 같기는 하다. 그러나 동법 제2조제2호가 시위를 "여러 사람이 공동의 목적을 가지고 도로, 광장, 공원 등 일반인이 자유로이 통행할 수

통지되어야 한다. [3]주최자는 제1문과 제2문의 신고내용에 변경이 있는 경우에는 지체 없이 이를 권한 있는 행정청에 알려야 한다.

(3) 예정된 집회의 동기가 순간적으로 형성된 경우(긴급집회, Eilversammlung)에는 늦어도 집회의 공고와 동시에 권한 있는 행정청 혹은 경찰에게 전화, 문서 혹은 전자문서로 신고하여야 한다.

(4) 집회가 그 직접적 동기에 있어 무계획적으로, 그리고 주최자 없이 이루어지는 경우(우발적 집회, Spontanversammlung)에는 신고의무는 면제된다.

(5) 권한 있는 행정청은 주관자가 집회의 진행도중 질서를 유지할 것을 신뢰할 수 없거나 질서를 유지하기에 적합하지 않은 경우 혹은 주관자의 개입으로 인하여 집회에 대한 장해 혹은 공공의 안녕에 대한 위험이 발생할 것이라는 것을 인정할 수 있는 실질적 근거가 있는 경우에는 주관자를 거부할 수 있다.

(6) [1]권한 있는 행정청은 다음 각호의 1에 해당하는 경우 질서유지인을 거부할 수 있다.

1. 질서유지인이 집회의 진행도중 질서를 유지하는 것과 관련하여 주관자를 보조하기에 적합하지 않은 경우
2. 그 사람을 질서유지인으로 투입함으로써 집회에 대한 장해

있는 장소를 행진하거나 위력(威力) 또는 기세(氣勢)를 보여, 불특정한 여러 사람의 의견에 영향을 주거나 제압(制壓)을 가하는 행위" 라고 규정하고 있음을 고려하면 시위의 개념에는 행진 이외의 요소, 즉 위력 또는 기세를 보여, 불특정한 여러 사람의 의견에 영향을 주거나 제압을 가하는 행위가 포함되어 있다고 할 것이다. 따라서 움직이는 집회를 의미하는 의미로 '시위'라는 용어를 일반적으로 사용하기는 적당하지 않다고 생각된다(譯註).

혹은 공공의 안녕에 대한 위험이 발생할 것이라는 것을 인정할 수 있는 실질적 근거가 있는 경우

[2] 권한 있는 행정청은 질서유지인의 수를 제한하거나 혹은 주최자에게 질서유지인의 수를 늘려 줄 것을 요구할 수 있다.

[3] 권한 있는 행정청은 제1문과 제2문에 따른 그의 권한범위 내에서 주최자에게 질서유지인의 수와 질서유지인의 제10조 제3항 제1문에서 말하는 개인관련정보를 알려 줄 것을 요구할 수 있다.

제14조 (협력)

(1) [1] 권한 있는 행정청은 주최자에게 집회의 진행에 관한 상세한 내용을 권한 있는 행정청과 논의할 기회를 부여하여야 한다. [2] 주최자에게 협력의 의무가 부과되는 것은 아니다.

(2) 권한 있는 행정청은 제15조에 따른 조치를 행함에 있어 주최자 혹은 주관자가 제1항에 따라 권한 있는 행정청과 어느 정도 협력을 하였는지를 고려할 수 있다.

제15조 (제한, 금지, 해산)

(1) 권한 있는 행정청은 처분을 행하는 시점에 있어서 인식할 수 있는 제반사정을 고려할 때 집회로 인하여 공공의 안녕 혹은 질서가 직접적으로 위협받게 되는 경우 혹은 제12조 제1항의 요건이 존재하는 경우에 집회를 제한하거나 금지시킬 수 있다.

(2) 권한 있는 행정청은 처분을 발하는 시점에서 인식할 수 있는 사정을 고려할 때 특히 다음 각호의 1에 해당한다고 판단되는 경우에 집회를 제한하거나 금지시킬 수 있다.

1. 집회가 그것이 갖는 중요한 상징성(象徵性, Symbolkraft)으로 인하여 나치의 (nationalsozialistisch) 폭력적이고 자의적(恣意的)

인 지배를 상기하게 만드는 의미를 갖고 있는 일시나 장소에서 행하여지고, 그로 인하여

a) 희생자들의 존엄성이 침해받을 염려가 있거나

b) 기본적인 사회적 가치관이나 윤리관에 대한 현저한 침해가 발생할 직접적 위험(unmittelbare Gefahr)이 존재하는 경우

2. 집회를 통하여 또는 나치즘을 이끌었던 대표자에 대한 추모를 통하여 나치의 폭력적이고 자의적(恣意的)인 지배를 승인, 찬양, 정당시하거나 경시하도록 만들고, 그로 인하여 희생자들의 존엄성을 침해할 직접적 위험이 존재하는 경우

(3) 권한 있는 행정청은 제1항 혹은 제2항에 따른 제한이나 금지의 전제조건이 존재하는 경우 혹은 법원에 의한 제한에 위반하는 경우에는 집회개최 이후에도 집회를 제한하거나 해산시킬 수 있다.

(4) 권한 있는 행정청은 질서를 현저히 문란케 하는 자를 집회로부터 배제시킬 수 있다.

(5) 금지된 집회는 해산되어야 한다.

제16조 (보호장구의 금지와 복면금지)

(1) 옥외집회 혹은 그 밖의 옥외행사에서 혹은 그와 관련하여서 보호장구(Schutzwaffen) 혹은 보호장구로서 적합하고 경우에 따라서는 공권력주체의 집행조치에 항거하기 위한 수단으로 사용될 수 있는 물건을 소지하는 것은 금지된다.

(2) 다음 각호의 1에 해당하는 행위 또한 금지된다.

1. 신원확인을 곤란케 하기에 적합한 복면을 신원확인을 곤란케 할 목적으로 착용하고 옥외집회 혹은 그 밖의 옥외행사에 참가하거나, 복면을 하고 옥외집회 혹은 그 밖의 옥외

행사가 행해지는 장소로 나아가는 것

2. 신원확인을 곤란케 하기에 적합하고 사정에 따라서는 그러한 용도로 사용될 수 있는 물건을 옥외집회 혹은 그 밖의 옥외행사에서 혹은 그와 관련하여 소지하는 것
3. 옥외집회 혹은 그 밖의 옥외행사에 연하여 혹은 그와 관련하여 타인과 함께 공동체의 평화를 해하는 행위를 하고, 그 경우에 있어 다음의 행위를 하는 것
   a) 무기 혹은 그 성질상 타인을 해하거나 물건에 손상을 가져오기에 적합한 물건 혹은 상황에 따라 타인을 해하거나 물건에 손상을 가져올 수 있는 물건을 소지하는 것
   b) 보호장구 혹은 그 밖에 제2호에 규정된 물건을 소지하는 것
   c) 1호에 규정된 복면을 하고 나타나는 것

(3) 권한 있는 행정청은 공공의 안녕 혹은 질서에 대한 위험이 발생할 우려가 없는 경우에는 제1항과 제2항에 대한 예외로서 그를 허용할 수 있다.

(4) 제1항과 제2항은 옥외예배, 종교적 축제행렬, 성지순례행렬, 장례행렬, 결혼축하행렬과 전통민속축제에는 적용되지 아니한다.

(5) 권한 있는 행정청은 제1항과 제2항에 따른 금지에 위배하는 자를 당해 집회로부터 배제시킬 수 있다.

제4장 평화구역

제17조 (평화구역)

[1] 바이에른 의회를 위하여 평화구역(Befriedeter Bezirk)을 형성한

다. [2] 바이에른의 의사당(議事堂, Landtagsgebäude) 주변의 평화구역은 바이에른의 주도(州都, Landeshauptstadt)인 뮌헨의 다음에 열거하는 제한된 구역을 말한다: Max-Weber광장, Innere Wiener가(街), Wiener광장, Innere Wiener가(街), Am Gasteig, Ludwig교(橋), Isar강(江)의 서안(西岸, Westufer), Prinzregenten교(橋), südliches Rondell am Friedensengel, Prinzregenten가(街), Ismaninger가(街), Max-Weber광장. [3] 위에 열거한 도로와 광장들은 평화구역의 일부가 아니다.

제18조 (란트의회(Landtag)의 보호)

[1] 평화구역 내에서는 옥외집회가 금지된다. [2]제1문의 집회를 촉구하는 것 또한 금지된다.

제19조 (집회의 허가)

(1) 금지되지 않은 옥외집회는 평화구역 내에서 허가를 받아 행할 수 있다.

(2) [1] 제1항에 따른 집회허가의 신청은 늦어도 공고하기 7일전까지 문서 혹은 전자문서로 내무부에 제출하여야 한다. [2] 제13조 제2항과 제3항은 이 경우에 준용된다.

(3) 내무부는 란트의회의 의장과 합의하여 집회허가 신청에 대하여 결정을 행한다.

(4) 이 법률의 다른 규정, 특히 제13조 내지 제15조는 여기서의 허가에 의하여 영향을 받지 아니한다.

제5장 형벌 및 과태료규정

제20조 (형벌규정)

(1) 다음 각호의 1에 해당하는 자에 대하여는 2년 이하의 징역 또는 벌금에 처한다.

1. 제6조에 위반하여 무기 혹은 제6조에 열거된 그 밖의 물건을 소지하거나, 집회장소로 운반하거나 혹은 집회에서 사용하기 위하여 준비하거나 배부하는 자
2. 제8조 제2항 제1호에 위반하여 폭력을 행사하거나 협박을 하거나 혹은 현저한 장해를 야기하는 자
3. 제16조 제2항 제3호 a)에 위반하여 타인과 함께 공동체의 평화를 해하는 행위를 하고, 그 경우에 있어 무기 혹은 그 곳에 규정된 물건을 소지한 자

(2) 다음 각호의 1에 해당하는 자에 대하여는 1년 이하의 징역 또는 벌금에 처한다.

1. 제4조 제4항 제3문에 위반하여 질서유지인을 사용한 자
2. 제7조 제1항에 위반하여 유니폼, 유니폼의 일부, 동일한 모양의 의복을 착용한 자
3. 제8조 제2항 제2호에 위반하여 그 곳에 열거된 자에 대하여 저항하거나 폭력을 행사하여 공격한 자
4. 제8조 제3항 혹은 제18조 제2문에 위반하여 집회에의 참가를 촉구한 자
5. 제12조 제1항이나 제2항 제1문 혹은 제15조 제1항 제1문, 동조 제2항의 집행가능한 명령이나 법원의 결정에 위반한 주최자 혹은 주관자
6. 제13조 제1항에 따른 신고를 행함이 없이 집회를 거행한

주최자 혹은 주관자

7. 주최자가 제13조 제2항 제2호 혹은 제6호에 따라 신고한 내용과 달리 집회를 진행한 주관자
8. 제16조 제1항에 위반하여 보호장구 혹은 그 밖의 물건을 소지한 자
9. 제16조 제2항 제1호에 위반하여 집회에 참가하거나 집회장소로 나아간 자
10. 제16조 제2항 제3호에 위반하여 공동체의 평화를 해하는 행위를 행하고, 그 경우에 있어 제16조 제2항 제3호의 b) 혹은 c)에 규정된 금지에 위반한 자

제21조 (과태료규정)

다음 각호의 1에 해당하는 자에 대하여는 3000Euro 이하의 과태료가 부과된다.[7)]

1. 제3조 제3항에 위반하여 집회의 시간, 장소, 목적 및 주최자의 성명을 밝히지 않은 자
2. 제4조 제3항 제1문 혹은 제3문에 위반하여 집회의 진행 도중에 폭력행위가 행해지는 것을 저지하기에 적당한 조치를 취하지 않거나 집회의 종결(終結)을 선언하지 않은 주관자
3. 제4조 제4항 제2문에 따라 허용되는 것과 다르게 자신이 질서유지인임을 나타내고 있는 질서유지인을 선임한 주관자
4. 제4조 제5항 제2문에 위반하여 경찰관에게 자리를 전혀 지정하지 않거나, 적당한 자리를 지정하지 않은 주관자

---

7) 제1호, 제2호, 제7호, 제13호 혹은 제14호의 적용가능성에 대하여는 vgl. *BVerfG* 1. Senat, AZ 1 BvR 2492/08.

5. 제5조 제2항에 위반하여 지체 없이 집회로부터 떠나지 않은 자
6. 제5조 제3항에 위반하여 지체 없이 해산하지 않은 자
7. 제7조 제2항에 위반하여 집회에 참가한 자
8. 제8조 제1항에 위반하여 질서를 문란케 한 자
9. 제10조 제2항 제1문에 위반하여 기자(記者)를 배제한 자
10. 다음 각호의 1에 해당하는 행위를 행한 주최자
    a) 제10조 제3항 제1문에 위반하여 개인관련정보를 전혀 제공하지 않거나, 틀리게 제공하거나, 적시에 제공하지 않는 것
    b) 제10조 제3항 제2문 혹은 제13조 제5항에 따라 권한 있는 행정청이 거부한 자를 집회의 주관자로 선임하는 것
11. 다음 각호의 1에 해당하는 행위를 행한 주최자
    a) 제10조 제4항 제1문 혹은 제13조 제6항 제1문에 따라 권한있는 행정청이 거부한 자를 질서유지인으로 선임하는 것
    b) 제10조 제4항 제2문 혹은 제13조 제6항 제2문에 따른 집행가능한 명령에 위반하는 것
    c) 제10조 제4항 제3문 혹은 제13조 제6항 제3문에 따른 개인관련정보를 전혀 제공하지 않거나, 틀리게 제공하거나, 적시에 제공하지 않는 것
12. 제12조 제1항 혹은 제2항 제1문, 제15조 제1항 내지 제3항에 따른 집행가능한 명령이나 법원에 의한 제한에 위반한 자
13. 제13조 제1항 제1문에 위반하여 신고를 틀리게 하거나, 충분히 하지 않거나 혹은 적시에 하지 않은 자

14. 제13조 제2항 제3문에 위반하여 통지를 전혀 하지 않거나, 틀리게 하거나, 충분히 하지 않거나 혹은 적시에 하지 않은 자
15. 제13조 제3항에 따른 신고를 행함이 없이 옥외집회를 거행한 주최자 혹은 주관자
16. 제16조 제2항 제2호에 위반하여 그곳에 적시한 물건을 소지한 자
17. 제18조 제1문에 위반하여 그 곳에 열거된 집회에 참가한 자

제22조 (몰수)

[1] 제20조에 따른 범죄행위 혹은 제21조 제1항 제6호, 제10호, 제13호 혹은 제21조 제1항과 관련 있는 물건은 몰수(Einziehung)될 수 있다. [2] 이에 대하여는 형법 제74a조와 질서위반법 제23조가 적용된다.

제6장 종결규정

제23조 (기본권의 제한)

집회의 자유(독일기본법 제8조 제1항, 바이에른 헌법 제113조)와 표현의 자유(독일기본법 제5조 제1항 제1문, 바이에른 헌법 제110조 1항 제1문)는 이 법이 정하는 바에 따라 제한될 수 있다.

제24조 (관할)

(1) 이 법에서 경찰이라고 함은 「바이에른 국가경찰의 직무와 권한에 관한 법률」(PAG) 제1조상의 경찰을 말한다.

(2) [1]이 법에서 권한 있는 행정청이라고 함은 크라이스(Kreis) 행정청을 말하며, 집회가 개시된 이후에는 경찰을 말한다. [2]급박한 경우에는 경찰이 크라이스 행정청을 대신하여 조치를 취할 수도 있다.

(3) [1]하나의 크라이스 행정청의 관할구역을 넘어서서 행해지는 옥외집회(초지역적 집회)의 경우에는 주최자가 권한 있는 크라이스 행정청 가운데 어느 하나의 행정청에 신고를 하면 신고의무를 이행한 것으로 본다. [2]이는 제13조 제3항에 따른 긴급집회의 경우에는 적용되지 않는다. [3]신고를 받은 크라이스 행정청은 지체 없이 다른 크라이스 행정청과 레기룽(Regierung)[8]에 이를 알려야 한다; 집회가 여러 '레기룽의 관할구역'(Regierungsbezirk)에 결쳐 행해지는 경우에는 크라이스 행정청은 이를 내무부에 알려야 한다.

(4) [1]초지역적 집회의 경우 레기룽은 제2항 제1문에 다른 권한 있는 행정청 중의 어느 하나가 다른 행정청과 협의하여 제6조, 제13조 제1항 제3문, 동조 제5항, 동조 제6항 제2문과 3문, 제15조와 제16조에 따른 처분에 관하여 결정할 것을 정할 수 있다. [2]다수의 레기룽의 관할구역에 결쳐 행해지는 초지역적 집

---

8) Regierung은 지방행정을 담당하고 있는 기관의 하나로서, 하나의 란트(Land) 아래에 몇몇의 Regierung이 존재하는바. 이를 정확히 표현할 수 있는 용어가 없어 원어인 Regierung을 그대로 사용하기로 한다. 한편 반드시라고 할 수는 없지만 많은 란트의 경우 이 Regirungs의 관할구역 안에 Kreis가 있고 Kreis의 행정을 담당하고 있는 곳이 바로 크라이스행정청(Kreisverwaktungsbehörde)이다. 결국 바이에른 집회법 제24조 제3항의 조문의 문맥상으로 보면 집회와 관련된 권한을 행사하는 행정청은 (상위부터 나열할 때) 란트(바이에른)의 내무부 → Regierung → Kreis행정청이 있게 된다는 것을 알 수 있다(譯註).

회의 경우에는 내무부가 이러한 결정을 행할 수 있다.

제25조 (집행부정지의 원칙)

이 법에 따른 결정에 대한 소송은 집행정지효(執行停止效, aufschiebende Wirkung)를 갖지 못한다.

제26조 (비용)

제6조에 따른 허가에 관하여 결정을 하는 경우를 제외하면 이 법에 따른 직무행위는 무료(kostenfrei)로 행하여진다.

제27조 (다른 법규의 개정, 생략)[9]

---

9) 제27조는 바이에른 집회법의 제정으로 말미암아 개정이 필요로 한 다른 법률에 관한 것인데, 이는 바이에른 집회법의 내용이해에 의미가 없다고 생각되어 번역을 생략하기로 한다. 참고로 원래의 조문을 전재하면 다음과 같다:

Art.27(Folgeänderungen anderer Rechtsvorschriften)

(1) Das Gesetz über die Aufgaben und Befugnisse der Bayerischen Staatlichen Polizei (Polizeiaufgabengesetz - PAG) in der Fassung der Bekanntmachung vom 14. September 1990 (GVBl S.397, BayRS 2012-1-1-I), zuletzt geändert durch Gesetz vom 8. Juli 2008 (GVBl S.365), wird wie folgt geändert:

In Art.13 Abs.1 Nr.4 werden die Worte „§27 des Versammlungsgesetzes" durch die Worte „Art.20 Abs.1 Nrn.1 und 3, Abs.2 Nrn.10 bis 12 des Bayerischen Versammlungsgesetzes (BayVersG)" ersetzt.

In Art.32 Abs.5 werden die Worte „gelten die §§12a und 19a des Versammlungsgesetzes" durch die Worte „gilt Art.9 BayVersG" ersetzt.

Art.74 wird wie folgt geändert:

a) Nach dem Wort „Person" werden ein Komma und das Wort

제28조 (효력발생, 실효 및 경과규정)

(1) [1] 이 법은 2008년 10월 1일부터 발효한다. [2] 이 법은 독일기본법 제125a조 제1항 제2문에 의하여 1978년 11월 15일에 공포

„Versammlungsfreiheit" eingefügt.

b) Nach den Worten „Art.2 Abs.2 Sätze 1 und 2," werden die Worte „Art.8 Abs.1" und ein Komma eingefügt.

c) Nach den Worten „Art.112 Abs.1" werden ein Komma und die orte „Art.113 " eingefügt.

(2) Das Gesetz über das Landesstrafrecht und das Verordnungsrecht auf dem Gebiet der öffentlichen Sicherheit und Ordnung - Landesstraf- und Verordnungsgesetz - LStVG - (BayRS 2011-2-I), zuletzt geändert durch Gesetz vom 8. Juli 2008 (GVBl. S. 364), wird wie folgt geändert:

In das Inhaltsverzeichnis wird folgender Art. 23a eingefügt:

„Art.23a Uniform- und politisches Kennzeichenverbot".

In Art.23 Abs.1 Satz 2 wird vor dem Wort „Versammlungsgesetzes" das Wort „Bayerischen" eingefügt.

Es wird folgender Art.23a eingefügt:

„Art. 23a

Uniform- und politisches Kennzeichenverbot

Mit Geldbuße bis zu dreitausend Euro kann belegt werden, wer außerhalb von Versammlungen öffentlich Uniformen, Uniformteile oder gleichartige Kleidungsstücke als Ausdruck einer politischen Gesinnung trägt, sofern damit eine einschüchternde Wirkung verbunden ist."

Art.58 Satz 1 wird wie folgt geändert:

a) Nach dem Wort „Person" werden ein Komma und die Worte „der Versammlungsfreiheit," eingefügt.

b) Nach den Worten „Art.2 Abs.2," werden die Worte „Art.8 Abs.1" und ein Komma eingefügt.

c) Nach den Worten „106 Abs.3" werden ein Komma und die Worte „Art.113 " eingefügt.

되고(BGBl Ⅰ S.1789), 2005년 3월 24일에 최종으로 개정된 연방의 「집회 및 시위에 관한 법률」을 대체한다. [3]다음의 법령들은 2008년 9월 30일부터 폐지된다.

1. 1952년 3월 7일의 「란트의사당의 평화에 관한 법률」(Das gesetz über die Befriedung des Landtagsgebäudes)
2. 1969년 4월 30일의 「란트의사당의 평화에 관한 법률」시행령
3. 1957년 7월 15일의 「연방의 집회 및 시위에 관한 법률 시행법률」

(2) 이 법률의 시행 전에 행하여진 옥내집회에의 초대와 옥외집회의 신고에 대하여는 이 법 시행 후 1년 이내에 집회가 행하여지는 경우에 한하여 연방의 「집회와 행진에 관한 법률」 제2조 제1항 제2문과 제14조 제1항이 적용되지 아니한다.

색 인[10]

Altrecht : 구법(舊法) 8
Ansammlung : 군집(群集) 35
Anwendungsbereich : 적용영역 **제2조** 29
Anzeige : 신고 53
Anzeigefrist : 신고기간 **제12조** 54
Anzeigepflicht : 신고의무 **제12조** 52
Arbeitskampfmaßnahme : 노동쟁의과정에서 행해지는 조치 25
Auflage : 부담 63
Auflösung : 해산 **제5조, 제12조, 제15조** 34, 50, 63, 66
Aufrufverbot : 선동금지(煽動禁止) **제8조** 92
aufschiebende Wirkung der Klage : 집행정지효(執行停止效) 83
Aufzeichnungen : 촬영과 녹음(저장을 포함) **제9조** 44, 46
Aufzug : 행진, 시위 52, 63
Ausführungsgesetz zum Versammlungsgesetz : 「집회 및 시위에 관한 법률 시행법률」 **제28조** 11
ausschließlicher Gesetzgebung : 전속적 입법권 7
Ausschluss : (집회로부터의) 배제 **제16조** 101
Ausschluss von Strörern: 질서문란자의 (집회로부터의) 배제 49
Außenwirkung : 외부효(外部效) 30
Außerkrafttreten : 효력상실 **제28조** 109
Auswertung : 평가 46
befriedeter Bezirk : 평화구역 **제17조 이하** 79
Befugnisnorm : 권한규범 50
Beschränkungen : 제한 **제12조, 제15조** 50, 63
Bestimmtheitsgrundsatz : 명확성의 원칙 34

10) 색인의 순서는 본서가 역서(譯書)임을 감안하여 알파벳순으로 배열하였다(譯註).

Bild- und Tonaufzeichnungen : 촬영과 녹음(저장을 포함) 44
Billigen : 승인 74
Brokdorf-Beschluss : Brokdorf결정 5, 6, 21
Chat-Rooms : 대화방 29
Datenerhebung : 정보의 수집 **제9조** 44
Datenschutzgesetz : 데이터보호법 49
Eilversammlung : 긴급집회 **제13조** 58
einschüchternde Wirkung : 위협적 효과 37, 40
einstweiige Anordnung : 가명령(假命令) 12
Einziehung : 몰수 **제22조** 106
Erfolgsdelikt : 결과범 72
erhebliche Gefahr : 현저한 위험 44
Flugblattverteilung : 전단배포(傳單配布) 25
Föderalismusreform : 연방주의에 기초한 (독일기본법의) 개혁 7
Gebot der Zusammenarbeit : 협력의 원칙 59
Gefahrenprognose : 위험예측 75
gerichtliche Beschränkungen : 사법적(司法的) 제한 **제15조** 66
Gesetz über Versammlungen und Aufzüge : 「집회 및 시위에 관한 법률」 4
Gesetz über die Befriedung des Landtagsgebäudes des Freistaats Bayern : 「바이에른 란트의사당의 평화에 관한 법률」 **제28조** 11, 79
Gesetzgebungskompetenz : 입법권 6, 9
Gewalttätiger Verlauf : (집회의) 폭력적 진행 **제12조** 95
gewerbliche Veranstaltungen : 상업적 행사 28
Gewerkschaftsdemonstration : 노동조합의 시위 37
gleichartige Bekleidung : 동일한 의복 37
Gottesdienste : 예배 **제16조** 79
Großdemonstrationen : 대규모시위 54
Grundrecht der Meinungsfreiheit : 표현의 자유 **제23조** 106
Grundrecht der Versammlungsfreiheit : 집회의 자유 **제23조** 3

Grundsatz der Verhältnismäßigkeit : 비례의 원칙　　65
Hausrecht : 가택권(家宅權) **제11조**　　49
Inkrafttreten : 효력발생 **제28조**　　109
innere Versammlungsfreiheit : 내적(內的)인 집회의 자유　　19
Internet : 인터넷 **제8조**　　92
Klage : 소(訴) 또는 소송(訴訟) **제25조**　　108
konkrete Gefahr : 구체적 위험　　84
konkurrierender Gesetzgebung : 경합적 입법권　　6
Kooperationsgebot : 협력의 원칙　　59
Kosten : 비용 **제26조**　　84
Kreisverwaltungsbehörde : 크라이스 행정청 **제24조**　　82
Landtag : 란트의 의회 **제18조**　　102
Leitung, Leiter : 주관(主管), 주관자(主管者) **제3조, 제4조**　　31
Linksextremistische Versammlungen : 극좌주의자들의 집회　　39
Love-Parade : 러브 퍼레이드　　10, 27
(bloße) Mahnwachen : (단순한) 침묵시위　　10
Militanzverbot : 군사적 행위의 금지 **제7조**　　39
Mitteilungspflicht : 통지의무 **제13조**　　52
nationalsozoalistische Gewalt- und Willkürherrschaft : 나치의 폭력적이고 자의적(恣意的)인 지배 **제15조**　　67
Nebenbestimmung : 부관(附款)　　64
nichtöffentliche Versammlungen : 비공개집회　　29
öffentliche Begehungen : 공적으로 어떤 장소를 방문하는 것　　25
öffentlicher Frieden : 공공의 평온　　72
öffentliche Ordnung : 공공의 질서　　41
öffentliche Sicherheit : 공공의 안녕　　42
öffentliche Versammlung : 공개집회 **제2조**　　30
Ordner : 질서유지인 **제4조, 제13조**　　33, 57
Ordnungswidrigkeiten : 질서위반행위　　15, 82
Ortstermine : 지역행사(地域行事)　　25

PAG : 「바이에른 국가경찰의 직무와 권한에 관한 법률」 46
Polizei : 경찰 **제9조, 제24조** 44, 82
Polizei- und Sicherheitsrecht : 경찰- 질서법 30
Polizeirecht : 경찰법 29
quasimilitärisch : 준군사적(準軍事的) 37
Rechtfertigen : 정당시(正當視) 75
Rechtsextremistische Versammlungen : 극우주의자들의 집회 39, 67
Schlußbestimmungen : 종결규정 **제23조 이하** 24, 82
Schutzwaffen : 보호장구 76
Schutzwaffenverbot : 보호장구의 금지 **제16조** 76
Schwarzblock : 흑색집단 39
Sicherheitsrecht : 질서법 29
Spontanversammlung : 우발적 집회 **제3조, 제13조** 5, 31, 58
Störer : 질서문란자 **제11조** 95
Störungsverbot : 질서문란행위의 금지 **제8조** 92
Straf- und Bußgeldvorschriften : 형벌규정과 과태료규정 **제20조, 제21조** 15, 81
Straßenverkehrsrecht : 도로교통법 29
Symbolträchtiger Ort : 상징적인 장소 **제15조** 70
Symbolträchtiger Tag : 상징적인 일시 **제15조** 70
Teilnehmerpflicht : 집회참가자의 의무 **제5조** 32
Übergangsregelung : 경과규정(經過規定) **제28조** 8
Überörtliche Versammlung : 초지역적 집회(超地域的 集會) **제24조** 55, 83
Übersichtsaufnahme : 조망촬영(眺望撮影) **제9조** 19, 44
Übersichtsaufzeichnungen : 조망촬영과 촬영물의 저장 19, 44
Unbeteiligte : 비관여인(非關與人) 31
Uniformierungsverbot : 유니폼착용금지 **제7조** 37
unmittelbare Gefahr : 직접적 위험 42, 71
unmittelbarer Zwang : 직접강제 78

unverzüglich : 지체 없이 34

Veranstalter- und Teilnehmerpflichten : 주최자의 의무와 집회참가자의 의무 32

Veranstalter : 주최자 32

Veranstalterpflichten : 주최자의 의무 **제4조, 제10조** 32, 48

Veranstalterrechte und -pflichten : 주최자의 권리와 의무 48

Veranstalterrechte : 주최자의 권리 **제10조** 48

Verbot : 금지 **제12조, 제15조** 50, 63

Verfassungsbeschwerde : 헌법소원 13

Verfolgung von Straftaten : 범죄행위의 수사 **제9조** 93

Verharmlosung : 경시(輕視) 75

Verherrlichen : 찬양 74

Verkehrsteilnehmer : 교통관여인 65

Vermmungsverbot : 복면금지 **제16조** 76

Verordnung zur Durchführung des Gesetzes über die Befriedung des Landtagsgebäudes : 「란트의사당의 평화를 위한 법률시행령」 **제28조** 110

Versammlungen in geschlossenen Raum : 옥내집회 **제10조 이하** 4, 47

Versammlungen unter freiem Himmel : 옥외집회 **제13조 이하** 4, 51

Versammlungsbegriff : 집회의 개념 **제2조** 24

Versammlungsbehörde : 집회행정청 **제24조** 59, 82

Versammlungsleitung : 집회의 주관 **제3조** 31

Verwaltungsgerichtsordnung : 행정법원법 66

Waffen : 무기 **제12조, 제16조** 77

Waffenverbot : 무기의 금지 **제6조** 36

Wahrscheinlichkeit : 개연성(蓋然性) 75

wehrhafte Demokratie : 방어적 민주주의 41

Zusammenarbeit : 협력 **제14조** 59

Zusammenkunft : 회합(會合) 28

Zuständigkeit : 관할 **제24조** 11, 82

서 정 범
고려대학교 법학과 졸업
동 대학교 대학원 석사/박사과정 졸업(법학박사)
독일 Mannheim Univ.에서 Post. Doc
현 국립경찰대학 법학과 교수

〈저서 및 논문〉
경찰법연구(세창출판사), 2009
독일경찰법론(세창출판사), 2008
상태책임의 한계에 관한 고찰, 2010
이행강제금제도에 관한 법적 고찰, 2009
집회 및 시위에 관한 법률상의 집회의 개념, 2008 외 논문 다수

바이에른 집회법

2010년 8월 10일 초판 인쇄
2010년 8월 15일 초판 발행
저 자 Alfred Scheidler
역 자 서 정 범
발행인 이 방 원
발행처 세창출판사
서울 서대문구 냉천동 182 냉천빌딩 4층
전화 723 - 8660 팩스 720 - 4579
E-mail: sc1992@empal.com
Homepage: www.sechangpub.co.kr
신고번호 제300-1990-63호

정가 12,000 원

ISBN 978-89-8411-314-5 93360

이 도서의 국립중앙도서관 출판시도서목록(CIP)은 e-CIP 홈페이지(http://www.nl.go.kr/ecip)에서 이용하실 수 있습니다. (CIP제어번호: CIP2010002818)

die Quelle : Bayerisches Versammlungsgesetz, Textausgabe mit Einführung von Dr. jur. Alfred Scheidler, 1. Auflage 2008, erschienen im RICHARD BOORBERG VERLAG, Stuttgart, Germany